오후 네 시의 풍경

오후 네 시의 풍경

김정선 지음

초판 1쇄 발행 2019년 4월 5일

펴낸곳 포도밭출판사
펴낸이 최진규
등록 2014년 1월 15일 제2014-000001호
주소 충청북도 옥천군 옥천읍 삼금로1길 10, 2층
전화 070-7590-6708
팩스 0303-3445-5184
전자우편 podobatpub@gmail.com
홈페이지 podobat.co.kr

ISBN 979-11-88501-07-6 03810

이 도서의 국립중앙도서관 출판예정도서목록(CIP)은
서지정보유통지원시스템 홈페이지(http://seoji.nl.go.kr)와
국가자료공동목록시스템(http://www.nl.go.kr/kolisnet)에서
이용하실 수 있습니다. (CIP제어번호: CIP2019010985)

이 책은 저작권법에 따라 보호받는 저작물이므로
무단 전재와 복제를 금합니다.

책값은 뒤표지에 있습니다. 잘못된 책은 바꾸어 드립니다.

김정선
에세이

오 후 네 시 의 풍 경

포도밭

여는 글

2010년경부터 5년간 인터넷 서점 블로그를 운영한 적이 있다. 내가 직접 만든 게 아니라, 책을 구입했더니 서점 측에서 제공한 공간이었다. 처음엔 나만 볼 수 있는 공간인 줄 알고 신나서 이런저런 메모 같은 글을 올리다가, 누군가 달아놓은 댓글을 보고 경악했던 기억이 아직도 생생하다.

이 사람이, 어떻게, 내 블로그에, 허락도 없이 들어와서, 흔적을, 남긴 거지?

온라인에서 만난 내 첫 이웃이었다. 그 이웃 덕분에 온라인 세상의 시스템을 어느 정도 이해할 수 있었다.

지금은 SNS(사회연결망서비스)도 하지 않고 카톡 계정도 없지만, 한때는 이렇게 만난 온라인 세상의 이웃들과 밤을 새워가며 교류를 하기도 했다. 나는 그 세상이 누구나 n분의 1의 역할만 하면 그뿐인 세상이라고 믿었다. 내 몫을 하기 위해 서평을 올리고, 내 생활 이야기도 그에 못지않게 썼지 싶다. 비록 내가 절제를 하지 못해 블로그를 계속 유지하지 못했지만, 그곳에서 받았던 환대는 평생 잊을 수 없을 것이다.

오후 네 시의 풍경.
내 블로그의 이름이었다. 어떤 이웃이 "차라리 이름을 '새벽 네 시의 풍경'으로 바꾸시지 그래요" 하고 댓글을 달 정도로 주로 새벽녘에 글을 올렸다.

오후 네 시는 뭐랄까, 이 세상 시간 같지 않은 시간, 누구의 시간도 아닌 시간 같달까. 하루를 마감하기엔 이른 시간이고, 그렇다고 뭔가를 다시 시작하기엔 이미 늦은 시간인데다, 출근 전과 한창 일하는 시간은 물론 퇴근 후의 풍경까지 머릿속에 그려보면, 의외로 하루 중 가장 고요한 시간인 것도 같다. 평생을 남의 삶을 살 듯, 시차 적응에 실패한 여행자처럼 살아온 내겐 더없이 어울리는 시간 같기도 하고.

그때 썼던 글 중에서 내 생활 이야기를 담은 글들만 가려 뽑아 책으로 묶었다. 제목은 블로그 이름을 그대로 가져왔다. 이제 다시 읽어보니 마치 내 삶의 오후 네 시를 들여다보는 느낌이 든달까. 내게 다시 찾아올 일이 있을까 싶은 바로 그 시간.

교보에서 알라딘으로 이어졌던 인터넷 서점 블로그 이웃들에게 고마웠다는 말을 전하고 싶다. n분의 1 몫을 끝까지 다하지 못하고 탈퇴해버린 무심한 이웃이 그때 못했던 인사를 이 책으로 대신 전하고자 한다면, 이상할까.

하나의 주제로 엮이기 어려운 글들이 그나마 책 꼴을 갖출 수 있었던 건 순전히 편집자가 애써준 덕분이다. 추천사를 써준 요조 님께는 분에 넘치는 환대를 받은 기분이다. 고마움을 전한다.

아무러나, 모두에게 오후 네 시의 풍경 같은 평온이 이어지길……

2019년 3월
김정선

차례

여는 글   5

1장 오늘은 우는 날

탈장	15
10초	20
비는 사람의 마음과 부딪칠 때 가장 아름다운 소리를 낸다	27
왜 죽였냐고요?	29
"하늘에게도 정이 있다면 하늘 역시 늙을 것이다"	33
책 이야기	36
총각무와 김 그리고 숭늉	43
냅킨과 절편	50
오늘은 우는 날	55
홀로, 나와 함께	60
찌릿찌릿 전파사	66
중독, 그 교차로에 갇히다	69
키키키	76
악마는 빈손으로 돌아가지 않는다	82
지상의 한 점	84

2장 깜빡 잊었다

과연 얼마나 솔직해질 수 있을까?	87
세 번이나 살아야 한다고?	91
머릿속의 벽돌	93
집으로 가는 길	97
달을 보았다	101
나와 우리	103
안과 밖	108
우체국에서	112
악마가 말했다, 내가 아니라	118
깜빡 잊었다	122
기억의 집	127
수건 공동체	134
가을 풍경	140
잡스러움에 대하여	143
어려운 일과 힘든 일	148

3장 질문과 답

엄지손가락	153
우거지된장국	156
문상	159
이등병	164
신발 한 짝	168
메커니즘	170
칠집 김씨	173
나열하는 자의 슬픔	176
치욕과 사랑	181
소설 이야기, 하나	188
소설 이야기, 둘	194
소설 이야기, 셋	198
우울한 편지	205
질문과 답	210
곤경에서 벗어나다	217

4장 아름다운 구석

사랑의 감수성, 하나	223
사랑의 감수성, 둘	226
사랑의 감수성, 셋	232
고량주와 까마귀	236
황두수 이야기	239
낮과 밤	244
국어사전의 사랑법	246
"나는 휴일마다 죽을 것이다"	247
가장 감동적인 서문	250
세상에서 가장 짧은 주문	253
다른 것이 없지는 않다	257
외주 교정자로 살아가기	260
감자전과 김치죽	263
어떤 것들	269
아름다운 구석	271

1장

오늘은 우는 날

탈장

수술대 위에 두 번 누워보았다. 초등학교 5학년 때 한 번, 군에 입대해서 이등병 때 한 번. 둘 다 탈장 때문이었다. 아기 때부터 보채지도 않고 잘 울지도 않아 순둥이 소리를 들었다는데, 다만 한 가지 혼자 얼굴을 붉히며 끙끙 힘을 주곤 해서 걱정이었단다. 그 때문이었는지 초등학교에 들어갈 무렵부터 왼쪽 고환 부위가 부풀어 오르기 시작했다. 처음엔 벌레에 쏘인 줄 알았다는데 알고 보니 장이 밀려 내려온 거였다. 복막이 약한 데다 끙끙 힘을 주곤 했으니 그럴 만도 했다.

    초등학교 5학년 겨울방학 때 어머니는 어디서 융통했는지 신문지에 둘둘 만 돈 10만 원을 가져왔다. 아이들에게 놀림이라도 당할까 봐 전전긍긍했을 어머니의 모습이 눈에 선하게 그려진다. 아버지는 양복점에서 살다시피 했다. 손재주가 좋아 재단사로는 최고 대우를 받던 아버지였다. 서울시내 중심가의 고급 양복점이 아버지의 직장이었다. 손재주만 좋았으면 좋으련만 밖에서는 귀가 얇고 안에서는 목소리가 큰 양반이었다. 재단해서 번 돈을 빚더미에 오른 양복점을 인수하는 데 쏟아붓고 다시 양복점에 취직해 재단일 하기를 반복했다. 그럴 때마다 집에는 늘 빚쟁이들이 들이닥치곤 했다. 그러면 셋집을 옮기는 게 또 어머니의 일이었다.

아버지의 호기로 난생처음 택시를 타고 시립병원에 가던 날이 생각난다. 몹시 추웠지만 쨍그랑 소리가 날 것처럼 맑은 날이었다. 나는 택시 뒷자리에 앉아 택시가 이렇게 나를 싣고 계속 달리기만 하면 좋겠다고 생각했다. 차창 밖에서 반대 방향으로 움직이는 세상이 신기했다.

입원 절차를 마치고는 수술을 받을 때까지 병원에서 혼자 지냈다. 어머니 또한 아버지를 도와 양복 시침질을 하러 다녀야 했기 때문에 병원에는 저녁때나 잠깐씩 들를 수 있었다. 어린 내게 병원에서 지내는 겨울밤은 참으로 길었다. 어둠침침한 복도에선 누군가 비명을 지르거나 구역질을 반복하는 소리가 길게 울리곤 했다.

내 바로 앞 침대에는 개고기와 뱀탕을 섞어 먹고 탈이 났다는 할아버지가 누워 있었다. 코며 입에 정체를 알 수 없는 관이 주렁주렁 연결되어 있는 데다 병실의 다른 환자들과 달리 말도 못 하고 숨만 쉬고 있을 뿐이어서 어린 내 눈엔 무섭게만 보였다. 수술을 받고 나면 다 저렇게 되는가 싶어서였다. 내 수술을 하룬가 이틀 앞둔 어느 겨울밤 그

할아버지는 결국 숨을 거두고 말았다. 옆 침대의 아저씨가 그날따라 나를 끌고 눈이 내린 병원 뜰을 한참 동안 걸었다. 돌아와보니 앞 침대 주위에서 사람들이 모여 오열하고 있었다. 할아버지의 시신이 병실 밖으로 들려 나가는 걸 보고 나는 모포를 뒤집어썼다. 그날 나는 태어나서 처음으로 죽은 사람을 보았다.

수술에 대해 기억나는 거라곤 의사가 내 등을 활처럼 휘게 해서 옆으로 눕히고는 무언가로 척추 부근을 따끔하게 찌르니, 그때부터 내 몸이 마치 지우개로 지우는 것처럼 서서히 사라지는 듯했다는 것뿐이다. 그리고 수술 뒤에는 어머니가 사온 귤을 실컷 먹은 기억만 생생하다. 나를 끌고 병원 뜰을 거닐곤 했던 삼십대의 그 아저씨는 어떤 병으로 입원했는지 그 뒤로 어떻게 되었는지 기억에 없다. 그도 죽었을까?

퇴원하는 날에도 역시 택시를 탔다. 하지만 입원하러 가면서 택시를 탔던 때와는 비교할 수 없을 정도로 별 느낌이 없었다. 창밖으로 보이는 세상 또한 전혀 신기해 보이지 않았다. 어린 나이였지만 사람이 죽는 걸 보고 수술을 받고 나왔다는 게 세상을 시시해 보이도록 만들었을까. 아니 그때 내 머릿속에 강하게 남아 있던 것은 흐릿한 백열등 아래 길게 이어진 어둠침침하고 어딘지 축축한 느낌이 드는 복도와 그 복도 끝 어디에선가 들려오던, 복도처럼 길게 이어지는 낮은 비명 소리뿐이었다. 그 소리는 비명 소리에 걸맞게 날카롭고

고통스럽게 들려서 두려움을 자아내기는커녕, 누군가 억지로
연기하듯 내지르는 소리처럼 단조롭고 따분하기까지 해서
더 두려움을 자아내는 그런 소리였다. 마치 복도 전체를
축축하고 단조로운 소리로 가득 채우려고 누군가 하염없이
애쓰는 듯한 소리.

나를 이끌고 그 긴 복도를 지나 병원 뜰로 나가곤
했던 아저씨가 묻지도 않았는데 그 소리가 관장(灌腸)하는
소리라고 알려주었다. 그러고는 관장이 무엇인지에 대해 길게
설명을 늘어놓았다. 그러자 그 길고 어둠침침하면서 축축한
느낌이 드는 복도가 누군가의 대장(大腸)처럼 여겨졌다.

"너는 탈장 때문에 왔다면서? 사람은 장이 튼튼해야 돼.
그래야 건강한 법이거든."

내 장은 지나치게 튼튼했는지 내 몸속에서 금세 다른
출구를 찾았다. 6학년에 올라가서 얼마 되지 않았을 무렵
나는 그동안 왼손으로 하던 일을 이젠 오른손으로 해야
한다는 걸 알았다. 바지주머니에 손을 집어넣고 고환 쪽으로
밀려 내려오는 장을 다시 밀어 올리는 일이었다. 대학에
들어가서 한 학기 만에 휴학을 하고 입대한 뒤에 군 병원에서
수술을 받을 때까지 나는 그 짓을 끝도 없이 되풀이해야 했다.

탈장이 현역 복무에 결격 사유가 된다는 건 의정부
보충대에 가서 알았다. 서울에서 신체검사를 받을 땐
일일이 검사를 하지도 않았다. 그런 시절이었다. 보충대에서
정밀검사를 받을 때 군의관이 나를 보고 남으라고 하더니

검사대 위에 눕히고는 내 고환 쪽으로 손을 집어넣어 장이 내려온 고리 안쪽까지 살피고 나서 내게 말했다.

"너 안 올 데를 왔다. 그런데 이미 머리도 깎았고 지금 돌아가면 쪽팔리잖냐? 군대 가면 이거 싹 수술해준다. 기왕 여기까지 온 거니까 가서 수술 받는 게 어때?"

그때 나는, 신문지에 둘둘 만 돈 10만 원을 들고 와서 장롱 서랍 속 깊숙이 집어넣고는 어린 나를 보며 안도하는 표정을 짓던 어머니의 모습을 떠올렸다.

10초

문득 생각나는 사람이 있다. 그야말로 문득, 맥락도 없이. 가령 내 몸에 새겨진 수술 자국을 마치 처음 보듯 '발견'할 때처럼.

"이등병, 누가 때렸어? 계급하고 이름만 대."
"아무도 때리지 않았습니다."
"누가 그렇게 말하라고 시켰어? 계급하고 이름만 대."
탈장 수술이 끝나고 난 뒤 아직 마취가 풀리지도 않은 나를 들것에 싣고 병실로 메고 가던 네 명의 선임환자들.
"이등병, 아직 정신없지?"
"예에."
"그럼 이송 중에 군가 한다, 군가는 멋진 사나이, 군가 시작 하나 둘 셋 넷!"
"머신느으은."
그다음은 기억나지 않는다. 내가 끝까지 노래를

불렀는지. 한쪽 팔에 연결된 링거병이 하염없이 흔들렸다.

10초. 정확히 열을 세면 문이 닫혔다. 병실의 여닫이문이 열리면 바로 보이는 침대에 누워 있었던 탓에 밤이면 추위에 오들오들 떨었다. 누가 모포 좀 더 갖다주면 좋겠는데. 군의관이 회진하는 아침이면 관등성명과 수술 이름 그리고 수술 받은 지 며칠 되었는지를 큰 소리로 외쳐야 했다. 실밥을 풀고 나서야 경환자 침대로 옮겨졌다. 살 것 같았다. 밤에 춥지도 않고, 누군가의 도움을 받을 필요 없이 직접 식당에 가서 밥을 먹을 수도 있었으니까. 대신 밤에 불침번을 서야 했다. 여기저기서 쿵, 쿵 자다가 침대에서 굴러 떨어지는 소리 때문에 화들짝 놀라 깨곤 했다. 신기하게도 아무도 다치지 않았다. 게다가 대부분 스스로 다시 기어 올라갔다.

"아이 씨이발, 맛있게 먹고 있었는데! 군대 정말 엿 같네."

내가 누웠던 침대는 다른 수술 환자들로 채워졌다. 경환자들이 중환자들을 돌봤다. 밥도 타다 주고 이런저런 처치에 필요한 도구들도 나르고 경우에 따라선 간호사 역할도 했다. 군 병원인지라 병실 생활도 내무 생활과 그다지 다르지 않았다. 파견이 아닌 전출이었으니 병원장을 부대장으로 두는 병사들일 뿐이었다. 하지만 서로 경어를 썼다. 사젯말과 군대말이 뒤섞인 아주 어색한 경어. 선임 환자 중 오래된 고참 환자 몇몇은 이른바 골드베드를 차지했는데, 그중 한 명은 퇴원할 때 보니 훈련병이었다.

"뭐야 저거, 계란이었잖아."

군대 잔밥이냐 병원 잔밥이냐를 놓고 가끔 실랑이를 벌이기도 했지만 서로의 처지를 누구보다 잘 아는지라 큰 싸움은 일어나지 않았다. 햇볕 좋은 날이면 병실 주위에 모여 해바라기를 하고 밤이면 몰래 술추렴도 했다. 농촌 출신들은 때마침 농번기여서 면회 오라는 편지를 띄우지도 못해 누군가 면회라도 오면 바리바리 싸들고 온 음식을 사이좋게 나눠 먹었다. 목요일 아침 퇴실자 명단이 발표되면 또 이별주가 이어졌다.

"마셔요. 지금 실컷 마시고 복귀하면 한 이삼 일이면 재발해서 다시 들어올 수 있다니까. 치질이 이래서 좋다는 거 아냐 크크크."

퇴실을 열흘쯤 남겨두었을 때 화상 환자가 들어왔다. 보급병이었다는데 제대를 불과 한 달 앞두고 창고에서 술을 마시고는 담배를 입에 문 채 잠이 들었단다. 창고를 홀랑 태워먹고 자신은 얼굴 아래쪽과 몸통 그리고 양팔에 심한 화상을 입었다. 군의관이 나를 지목했다.

"이등병, 네 담당이다. 할 일이 많으니까 정신 똑바로 차리고."

할 일이 많았다. 소변통도 갖다주고 죽이며 밥도 타다

주고 무엇보다 그 무시무시한 화상 치료 과정을 낱낱이 지켜봐야 했다. 환부를 메스로 긁어낸 뒤 벌겋게 드러난 속살에 약을 바르고 빛을 쬐어주면 마치 꽃이 피어나듯 노랗게 고름 같은 게 올라왔다가 딱딱하게 굳었다. 그러면 또 긁어내고. 군의관이 메스로 환부를 긁어낼 때면 나는 뒤에서 병장의 몸을 잡고 있었다. 한번은 병장이 고통에 몸부림치다가 저도 모르게 욕을 내뱉고 말았다. 그러자 군의관이 메스를 바닥에 내던지고는 그 자리에서 병장의 뺨을 갈겼다.

"너 지금 뭐라고 그랬어 새끼야!"

"군의관님한테 한 소리 아닙니다. 그냥 너무 아파서 저도 모르게……"

"육군 병장이란 새끼가 이것도 못 참아. 누군 하고 싶어서 이 지랄 하고 있는 줄 알아!"

하고 싶지 않은 건, 나도 마찬가지였다.

"김 이병 거울 없어요?"

개인 거울이 있을 리 있겠는가. 군인들이 모인 곳인데. 얼굴 상태를 확인하고 싶었던 모양이다. 제대하면 곧 결혼하기로 약속한 여자친구가 있다는데. 나는 이리저리 둘러대기에 바빴다. 그러던 어느 날 식사를 도와주고 식판을 치우는데 수저가 보이지 않았다. 한참을 찾다가 포기하고 하는 수 없이 그대로 식당에 반납하고 돌아오니 병장이 불편한 팔로 수저를 들고 용을 쓰고 있었다. 수저에 비친 얼굴을 확인했는지 그의 얼굴이 천천히 일그러졌다.

중환자의 면회객은 담당 경환자가 면회소까지 내려가 병실로 안내했다. 병장의 부모와 여자친구가 면회소에 와 있다는 연락을 받았다. 눈부신 햇살에 세상이 노릇하게 구워지는 냄새가 아지랑이처럼 스멀스멀 풍겨오는 어느 봄날의 토요일이었다.

"부탁이 있어요. 꼭 들어줘야 해요."

병장이 말했다. 굳이 들을 필요도 없었다. 무슨 부탁을 하려는지 모르지 않았으니까. 면회소에서 나는 여자 쪽은 쳐다보지 않으려 애쓰며 병장의 부모에게 말했다.

"두 분만 뵙고 싶답니다. 환자가 안정을 요하는지라 아무래도 무리하시지 않는 게……."

병장의 부모는 동의를 구하듯 여자 쪽을 쳐다보았고, 여자는 내 쪽을 바라보았다. 나는 고개를 숙인 채 입고 있던 환자복 바지만 멀거니 내려다보았다.

"병실 앞에까지만 가게 해주세요. 들어가진 않을게요."

여자는 병실 문 앞에 선 채로 꼼짝도 하지 않았다. 한 손으로 입을 틀어막고 내내 눈물을 흘렸다. 소리 없이 그저 눈물만 흘렸다. 면회 시간이 끝나 병장의 부모를 데리고 나오기 위해 병실로 들어서면서 나는 여자에게 조용히 말했다.

"여기 그대로 서 계세요."

처음엔 무슨 말인지 못 알아들었는지 눈물이 그렁그렁한 눈을 동그랗게 뜨고 나를 쳐다보던 여자가 황급히 고개를 끄덕였다. 10초. 문이 열리고 정확히 열을 세면 닫히던 여닫이문. 여자가 서 있는 위치에서라면 문이 열리고 닫히는 순간까지 침대에 누워 있는 병장을 볼 수 있을 것이다. 10초. 열을 세는 동안 여자는 무슨 생각을 하게 될까. 병장의 부모를 먼저 내보내고 병실을 나오면서 나는 병장이 눈치채지 못하도록 왼발로 여닫이문을 힘껏 밀었다.

여자는 여전히 한 손으로 입을 틀어막고 있었지만 더 이상 눈물은 흘리지 않았다. 그럴 시간이 없다는 듯 눈을 크게 뜨고 병실 안을 뚫어져라 들여다보았다. 10초 동안 여자의 눈은 수많은 말을 병실 안으로 전했고, 또 그만큼의 말을 병실로부터 받았다. 최소한 내겐 그렇게 보였다. 그들을 위병소까지 안내하는 동안 여자의 표정은 훨씬 안정돼 보였으니까. 돌아오는 길에 나는 왼발, 오른발, 왼발, 오른발 계단을 밟아 오르며 병장이 뭐라고 하면 한마디 해줘야겠다고 다짐했다. 봄 햇살이 나를 따라 왼발, 오른발, 왼발, 오른발 흔들리고 있었다.

가끔, 아니 자주, 그런 생각을 한다. 내게 삶은 어찌해야 좋을지 모르고 흘려보낸 10초의 연속이라고. 문이 열리고 다시 닫히기까지 길게 이어지는 그 10초. 어찌해야 좋을지 모른 채 서서히 닫히는 문을 쳐다보면서 어느덧 반세기를 넘게 살고 있다.

비는 사람의 마음과 부딪칠 때
가장 아름다운 소리를 낸다

비가 왔다. 다용도실 창문을 열고 잠깐 빗소리를 들었다. 빗소리가 일정치 않다. 자동차 지붕 위에 떨어지는 빗소리에, 땅 위로 떨어지는 빗소리도 들리고, 나뭇잎이나 차양 위를 때리는 빗소리도 섞인다. 어디선가 마치 급류가 쓸려 내려가듯 경사진 곳을 다급하게 흘러 내려가는 빗소리까지 합쳐진다. 소리가 제각각이다.

문득 깨닫는다. 빗소리란 비가 오는 소리도 아니고 비가 스스로 내는 소리도 아니라는 걸. 빗줄기가 어딘가에 부딪쳐 내는 소리일 뿐. 하긴 소리란 게 다 그런 거니까. 작은 부딪침에도 커다란 부딪침에도, 섬세한 부딪침에도 투박한 부딪침에도 저마다의 소리가 있다. 어떤 소리는 듣기 좋고 어떤 소리는 거북하다. 어떤 소리는 울림이 크고 어떤 소리는 단조롭다. 비는 자신이 무언가에 부딪쳐 소리를 낸다는 걸 알고 있을까. 어떤 것과 부딪칠 때 가장 아름다운 소리가 난다는 것도 알고 있을까.

비는, 사람의 마음과 부딪칠 때 가장 아름다운 소리를 내다. 가령 버스를 타고 물어물어 찾아간 산골짜기 친구의 자취방에서 친구가 잠든 사이 몰래 툇마루에 나와 밤새워 비 내리는 모습을 바라보던 누군가의 마음과 부딪쳤을 때처럼. 질서를 잃어버린 마음에 가장 적절하게 공명하는 소리, 빗소리.

왜 죽였냐고요?

중년 여성이 남편을 살해했다. 엽총으로 자고 있는 남편을 쏴버렸다. 변호사는 용의자가 학대당했다고 주장했으나 그런 증거는 어디에도 없었다. 가정폭력 신고 사례도 없었고 이렇다 할 병원 치료 기록도 발견되지 않았다.

졸지에 아버지를 잃고 살인자 엄마를 갖게 된 남매는 아버지를 죽인 엄마를 증오했다. '그 여자'라고 부르며 결혼 생활 내내 아버지가 엄마라는 존재를 얼마나 참고 배려했는지 강조했다. 엄마는 집안일에도 형편없었으며, 요리도 엉망이었고, 단 한 번도 자신들의 학교 행사에 참석하지 않았다는 것이 그들의 주장이었다. 모든 건 아빠가 대신했다는 것이다. 자신들을 사랑한 것까지도.

그들에 따르면 아빠는 자신들을 끊임없이 배려했으며, 늘 챙겨주었고, 사랑해주었다. 반면 '그 여자'는 자신마저 돌볼 수 없는 말 그대로 '루저'였을 뿐이다. 남매는 좋은 대학을 다니는 똑똑하기 그지없고 미래가 보장된 시민처럼 보였다.

그들은 합리적이었고 냉정했으며 자신들의 권리를 잘 알았다.

흑인 여성 검사가 프로파일러에게 살인 용의자를 만나달라고 부탁했다. 살인 용의자와 변호사의 주장이 거짓임을 밝혀달라는 것이었다. 검사는 자신만만했다.

용의자를 만나고 나서 프로파일러는 검사에게 말했다. 용의자가 죽은 남편에게 육체적 학대를 당한 흔적이 전혀 없노라고. 검사는 회심의 미소를 지었다.

"그럴 줄 알았죠."

"하지만 정신적 학대를 당한 것으로 보입니다."

프로파일러가 말했다.

"참, 왜 남자들은 모든 여자를 피해자로 보려고만 하는 거죠?"

검사가 어이없다는 표정으로 반문했다.

"용의자에게 마지막 질문을 할 텐데 함께 들어가 보시죠. 흥미로운 답변을 듣게 될 겁니다."

프로파일러가 말했다.

취조실에서 프로파일러는 용의자에게 물었다. 어떻게 남편을 죽이게 되었느냐고. 용의자는 말했다. 남편의 와이셔츠를 다려서 옷걸이에 걸고 옷걸이 간격을 자로 재서 정확하게 벌려놓고 돌아서는데 침대에서 자고 있는 남편을 발견했다고. 기회는 이때뿐이다 싶어 엽총에 장전을 하고 그 자리에서 남편을 쏴버렸노라고.

"사건 현장을 깨끗이 치웠죠? 왜죠? 증거 인멸을

위해서였나요?"

"아니요, 딸애가 돌아오면 고백하고 자수할 생각이었어요."

"그럼 왜 침실을 깨끗이 치우고 흔적을 없애버린 거죠?"

"왜라뇨? 경찰들이 올 거잖아요. 다른 사람들이 집에 오는데 집 안이 엉망이면 남편이 불같이 화를 낼 게 뻔하니까요."

여자는 견딘 것이다. 첫아이를 낳고 몸은 엉망이 되었고 그러니 남편이 자신을 좋아해줄 리 없다, 남편의 깐깐하기 그지없는 기준으로 보면 자신은 집안일에도 형편없는데다가 요리도 엉망이고 뭐 하나 제대로 하는 게 없는 바보 멍청이일 뿐이다, 라고 여자는 말했다. 그러니 아이들 학교 행사에는 더욱이나 참석할 수 없었노라고. 이런 엄마를 견디는 것도 아이들에겐 고역일 텐데 학교에까지 찾아가 아이들을 망신시킬 수 없었노라고.

드라마를 보면서 나는 여자에게 왜 남편을 죽였느냐고 말해주고 싶었다. 다른 방법도 얼마든지 있었을 텐데. 가령 집 안을 한껏 어지럽히고 음식은 더 엉망으로 만들고 아이들 학교에 찾아가 아이들을 개망신시키고 남편의 빨래는 걸레로 만들어버리고 옷걸이는 아무렇게 흩트려놓고 '그 인간들'에게 이렇게 말해줄 수도 있었을 텐데.

"세상엔 너희들만 사는 게 아니야. 이런 세상이 싫으면 너희들이 사라지면 될 거 아니야. 그럴 수 없다면 늘 생각해. 너희들이 숨을 한 번 내쉴 때마다 다른 사람은 그 냄새나는 숨을 참아줘야 한다는 걸 말이야. 쓰레기는 내가 아니라 바로 너희들이야!"

"하늘에게도 정이 있다면
하늘 역시 늙을 것이다"

외주교정자로 밥 먹고 산 지 오래되었다. 나이가 들면서 집중력도 떨어지고 무엇보다 총기가 흐려지니 실수가 잦다. 원고 교정을 업으로 삼은 사람들에겐 공통적인 딜레마가 있는데, 원고를 재미있게 읽어서는 안 된다는 것. 원고 내용에 푹 빠지면 오탈자를 놓치고, 이쪽 은어로 한 자 한 자 꾹꾹 '눌러 보면' 원고 내용은 당연히 재미없어진다. 일을 재미있게 하면 내 처지가 재미없어지고, 재미없게 하면 재미를 좀 본다고나 할까. 딜레마가 아닐 수 없다.

간혹 처지가 재미없어지는 걸 감수하고 싶어질 정도로 흥미로운 원고를 만날 때도 있지만, 대부분은 일인지라 읽는 재미 정도는 얼마든지 포기할 수 있다. 그렇다 보니 몇 번을 교정 봐서 낸 책이 운이 좋아 여러 사람들에게 회자될 때, 그제야 아, 그런 책이었구나 싶어질 때도 간혹 있다. 이럴 땐 내가 뭘 하는 사람인가 싶기도 하지만, 일이란 게 다 그런 거니까, 하고 자위할 뿐 불만은 없다. 그렇다고 잔재미가 영

없는 것도 아니니까.

가령 요즘 교정 보고 있는 한시집의 경우, 한시에 대한 안목은커녕 한문 해독 능력도 없으니 일단 다행이다 싶고(재미있게 읽을 가능성이 전무하니까), 무식하면 용감하다고 이런저런 장애 없이 일에 몰입할 수 있으니 딜레마에 빠질 염려도 없다. 한자는 거의 그림을 대조하는 수준이고 번역된 문장들만 주의 깊게 살피면 그뿐이니까.

그런데 역자의 해제를 살피다 눈이 번쩍 뜨이는 문장과 맞닥뜨렸다. 당나라의 시인 이하(李賀)의 「금동선인사한가(金銅仙人辭漢歌)」에 나오는 시구, "天若有情天亦老." 번역하자면 "하늘에게도 정이 있다면 하늘 역시 늙을 것이다."

이런 문장을 쓰는 사람이라면 평범한 삶을 살지는 않았을 것 같아 부랴부랴 검색해보니, 아니나 다를까, 이하라는 시인의 삶은 기가 막혔다. 이백, 이상은과 함께 삼이(三李)로 불릴 만큼 천재였다지만, 열일곱부터 머리가 하얗게 세기 시작하면서 스물일곱에 요절할 때까지 죽음의 공포와 싸워야 했고, 뛰어난 재능에도 불구하고 부친의 이름이 진숙(晉肅)이라 휘자를 피해야 한다 해서 진사(進士)시험에 응해보지도 못한 비운의 삶을 살았단다(퇴지 한유가 아꼈다는데 그럴 만하다 싶다). 그래서인지 귀신을 소재로 한 시를 많이 남겨 시귀(詩鬼) 혹은 귀재(鬼才)로도 불렸다니 이런 삶도 있구나 싶다. 이십대에

요절한 데다 죽음의 공포가 시의 주조를 이루고 있다는 공통점 때문인지 기형도와 비교한 논문도 검색된다.

얼마나 늙고 싶었을까. 시간을 앞서 달려가 자신의 늙은 모습을 수천 번도 더 새겨보았으리라. 하여 얻어낸 시구가 "하늘에게도 정이 있다면 하늘 역시 늙을 것이다"라는 게 나를 처연하게 만든다. 기형도 또한 얼마나 늙고 싶었을 것인가. 그러나 하늘은 무정한지라 늙음을 모르니 누군가와 함께 늙어가지 않고, 젊은 시인들을 무정하게 데려가고 말았다. 하늘은 늙지 않으니.

눈이 더 나빠지면 이 일도 더는 못하겠지만, 이하와 기형도를 떠올리니 늙는 것이 서럽지만은 않다. 내가 유정하다는 것이니 외려 다행이다 싶다. 다정(多情)까지는 바라지도 않고 다만 누군가와 함께 늙어가면서 유정한 사람으로 기억되기만을 바랄 뿐. 그러고 보면 하늘의 이치를 모르고 늙어가는 것이 얼마나 다행인가.

책 이야기

편집자는 책을 만드는 사람이다. 물론 책을 만드는 데는 저자나 역자도 있어야 하고 지업사나 인쇄소, 제본소에서 일하는 분도 필요하지만, 그들은 각각 책을 쓴다고 하거나 종이를 발주하고 책을 찍고 묶는다고 하지, 책을 만든다고 하지 않는다. 오직 편집자만이 어디 가서 "책 만드는 일 합니다"라고 말할 수 있는 사람이다. 여기서 '만든다'는 말의 의미가, 도구를 통해 무언가 쓸모 있는 것을 제작해낸다는 의미라기보다 정신 활동을 통해 새로운 세계를 창조해낸다는, 말하자면 좀 더 고차원적인 의미를 뜻하는 것은 물론이다. 에디터로서의 편집자인 셈이다.

    하지만 처음부터 그랬던 것은 아니다. 편집자가 말 그대로 책을 '만드는' 사람이었던 적도 있다. 손과 도구를 써서 뚝딱뚝딱 책을 만들던 시절의 이야기다. 나는 그 시절에 편집일을 배웠다. 이를테면 막차를 탄 셈이다. 컴퓨터로 책을 만드는 새로운 시대가 시작되었음에도 그 새로운 물결의

첫머리에 서지 못하고 흘러가버릴 낡은 물결의 꽁무니에 올라탄 것이다. 지지리 운도 없다 싶었는데 전자책 이야기가 나오면서는 꼭 그런 것만도 아니라는 생각이 들기도 했다. 당장 그럴 일은 없겠지만, 혹시라도 종이책이 흔치 않을 날이 온다면, 그때야말로 나는 손으로 직접 책을 만든 기억을 간직한 몇 안 되는 사람이 될 것이기 때문이다. 공연히 어깨가 무거워진다.

지금은 컴퓨터 파일로 원고를 받아서 컴퓨터로 레이아웃을 하고, 교정지를 뽑아 작업을 한 뒤 역시 컴퓨터로 수정해 PDF 파일을 만든 다음 인쇄와 제본을 거치면 책이 만들어지지만, 예전에는 달랐다. 원고지에 쓰인 원고를 받아 원고지 위에 직접 기본적인 교정을 본 뒤 오퍼레이터에게 넘기면 식자편집기로 입력해서 16절지 크기에 앉혀준다. 지금의 교정지 양식과는 좀 다른데 기본적인 레이아웃만 이루어진 상태라고 보면 된다. 이 상태에서 원고와 일일이 대조해가며 재교, 삼교까지 본 내용을 플로피디스크에 저장해서 출력실에 가져가면 인화지로 뽑아준다. 책의 판형에 따라 크기만 다를 뿐 둘둘 말린 두루마리 형태로 뽑혀 나오는 것은 똑같다.

이제부터 본격적으로 책 만드는 작업이 시작된다. 당시 내 책상엔 컴퓨터가 없었다. 지금으로서는 상상이 되지 않지만 그때는 그랬다. 설사 컴퓨터가 있었더라도 자리만 차지할 뿐 그다지 쓸모가 없었을 것이다. 대신 내 책상에는 칼질을 위한 고무판이 깔려 있었고, 다양한 크기의 자와 풀, 커터칼, 조각칼처럼 생긴 식자칼, 스프레이용 풀 등이 비치돼 있었으며, 책상 옆에는 스프레이용 풀을 뿌리는 데 필요한 종이 박스가 놓여 있었다. 그리고 사무실 구석에 산더미처럼 쌓여 있던 대지(臺紙)까지. 이건 재단선이 촘촘히 그려져 있는 거의 마분지 두께의 종이판으로, 말하자면 편집판인 셈이다.

둘둘 말린 인화지를 주욱 펴서 마지막 교정지의 수정 내용을 대조한 뒤 반대로 둘둘 말아 말리지 않게 펴서는 적당한 길이로 자른다. 뒷면에 연필로 번호를 적어두는 걸 잊어서는 안 된다. 대지를 한 아름 들고 책상 한편에 쌓아놓은 뒤, 한 장씩 책상 위에 올리고 인화지 1번부터 대지의 재단선에 맞게 다시 자른다. 이때 자를 대고 글자 끝부분을 정확히 자르지 않으면 행간을 맞추기가 어려워지니 조심해야 한다. 그리고 중간에 그물을 짜넣은 종이 박스에 인화지를 뒤집어 올리고 스프레이용 풀을 뿌린 뒤 대지에 붙여나간다. 각 쪽의 쪽수와 제목은 따로 제 위치에 붙여줘야 하고 각주가 달린 경우는 각주 내용만 적힌 인화지를 따로 옆에 모아놓고 본문의 각주 번호에 맞게 대지 하단에 붙여줘야 한다. 정신을 똑바로 차리지 않으면 빼먹게 되는데 이럴 경우 붙였던 인화지를 다 떼어내서 빠진 각주 자리를 비우고 새로 재단한 뒤 다시 붙여야 한다. 한번은 5백여 쪽에 달하는 학술서를 만들면서 3백여 쪽까지 붙였을 때, 첫 장의 각주 하나가 빠진 걸 발견한 적도 있다. 이러면 보통 낭패가 아니다.

사진이 들어갈 경우 정확한 자리에 공간을 만들어야 하는데, 본문 안으로 파먹는 형태의 사진이라면 행간(行間)이 아니라 자간(字間)에 맞게 재단해줘야 한다. 하지만 여기까지는 단순 작업에 해당한다. 세공 작업이 필요한 경우는 따로 있다.

지금은 한글에서도 대부분의 한자가 지원되지만 예전엔 상용 한자가 아닌 경우엔 쪽자 작업을 해야 했고, 한글이라도 일상적으로 잘 쓰지 않는 글자라면 따로 뽑아서 역시 쪽자 작업을 해야 했다. 쪽자 작업은 다음과 같이 진행된다. 우선 인화지를 대지에 붙인 뒤 작업을 해야 하는 해당 글자 둘레에 사각형으로 칼집을 내는데, 이때 힘 조절을 잘못하면 인화지가 뚫려버리니 조심해야 한다. 식자칼을 들고, 한자의 경우 남겨둘 부분과 잘라낼 부분을 정교하게 분리하고, 한글의 경우 전체를 각각 들어내야 한다. 정확히 인화지의 절반 두께만 뜯어내는 셈이다. 그러고는 쪽자 작업을 할 글자를 다른 인화지에서 잘라내 뒷면에 풀을 살짝 묻힌 다음 작업할 자리에 집어넣고 인화지 위에 못 쓰는 필름을 올린 뒤 식자칼의 손잡이 끝부분을 대고 죽어라 문질러준다. 그러면 감쪽같아지는데 실력의 차이는 필름을 뽑아보면 금방 드러난다. 쪽자 작업을 한 글자의 테두리가 필름에 그대로 찍혀 나오기도 하기 때문이다.

작업을 하다 보면 각각의 글자들이 필요할 때도 많다. 굳이 다시 인화지를 뽑지 않고 오탈자를 바로 작업해서 수정해야 할 경우나 서툰 칼질 때문에 글자가 잘리거나 뜯겨나간 경우가 그렇다. 해서 서체나 급수별로 인화된 글자들을 모아놓기도 한다. 딱 맞는 서체와 급수의 글자를 힘들게 찾았는데, 잠깐 눈 돌린 사이에 바람에 날아가거나 어딘가로 떨어져 찾을 수 없을 땐 마치 세상을 잃기라도 한 것처럼 절망하기도 한다.

이렇게 작업을 마치면 한 묶음의 대지가 쌓인다. 보자기에 싸서 인쇄소에 가져다주면 필름을 뽑는다. 이때만 해도 전지 크기의 필름판에 16장의 필름이 찍히는 이른바 통필름 형식이 아니라 1페이지부터 마지막 페이지까지 낱장으로 나누어진 채로 나올 때였다. 그 낱장의 필름을 검판대 위에 올려놓고 일일이 확인하는 작업이 이른바 필름 교정이다. 대개는 검판대 대신에 흰 종이를 깔고 그 위에 필름을 한 장 한 장 올려서 확인한다. 필름에 이런저런 흔적들이 많기 때문이다. 앞에서 말한 쪽자 작업 흔적도 그렇고 아무래도 풀 작업을 하다 보니 인화지 앞면에 풀기가 묻게 되면 그 부분이 뿌옇게 나오기도 하고 풀기에 달라붙은 이물질들이 흔적을 남기기도 한다. 칼을 들고 필름 뒷면의 해당 부분을 일일이 긁어내는 작업이 필요하다. 당연히 가루가 날린다. 작업을 마칠 때쯤이면 목이며 콧속에 이물질이 가득 들어찬 느낌이 들곤 한다.

그뿐인가. 필름에서도 역시 쪽자 작업이 필요할 때가 있다. 이건 제법 고도의 기술을 요한다. 인화지와 달라 필름은 식자칼을 댈 때 힘 조절을 달리해야 하기 때문이다. 이렇게 필름 작업까지 다 마치면 인쇄소에서 터 잡기 작업을 한다. 이제 비로소 전지 크기의 필름판에 모두 16장씩 필름을 앉히는 것이다. 따라서 인쇄를 마친 종이는 16쪽씩 묶인다. 그렇게 16쪽씩 접지가 이루어져 묶이는 것이 곧 제본이다. 그러니까 이 말은 우리가 보는 책을 뜯어보면 16쪽짜리 묶음들로 분리된다는 말이다.

이런 작업을 거쳐 마침내 완성된 책이 내 책상에 놓일 때, 그 기분은 경험해보지 않은 사람은 알 수 없는 참으로 묘한 것이다. 손은 늘 풀 자국이며 칼질하다 벤 상처로 엉망이 되고 가끔은 내 손에서 흐른 피로 인화지가 붉게 물드는 경우까지 생긴다. 그런 과정을 거쳐 만들어진 책이다. 감정이 벅차오르지 않을 수 없다. 비록 다른 곳에서는 대부분 컴퓨터로 책을 만든다는 사실을 알고는, 내가 배우고 익힌 '기술'은 더 이상 쓸모없겠구나 싶어 쓸쓸해지기도 했지만, 말 그대로 손때 묻혀 '만든' 책이니 더 소중할 수밖에 없었다.

운이 좋아 퇴직하기 전 컴퓨터로 책을 만드는 경험을 해보기도 했는데, 가장 적응이 안 되는 건 글자들이었다. 교정지 상태일 때는 물론 책으로 묶여 나온 뒤에도 나는 책을 공중에 대고 탈탈 털어보기까지 했다. 어쩐지 글자들이 우르르 쏟아져 내릴 것만 같아서였다. 대지 작업을 통해 꾹꾹 눌러 앉혀졌다기보다 종이 위에 스르르 펼쳐진 것만 같았다. 밀랍으로 된 활판을 들고 그 당시에 이미 을지로에 두

군데밖에 남지 않았다는 활판 인쇄소를 찾았던 적도 있는데, 활판 인쇄로 찍혀 나온 책은 실제로 책장을 손으로 쓸어보면 오톨도톨하게 글자들이 만져지기도 했다. 뭐랄까, 글자들이 야무져 보인달까. 하긴 보기에 따라선 투박해 보인다고 할 수도 있겠다.

어쨌든 나는 비록 얼치기였지만 기술자였다. 편집기술자 혹은 편집공학자라고 불리던 시기의 편집자였으니까. 편집자가 에디터를 말하는 거라면 나는 편집자였던 적이 없는 셈이다. 칼이며 풀이며 인화지, 대지에서 벗어난 뒤에야 편집자들은 비로소 기획자로서 책을 만드는 사람이 될 수 있었다. 그러니 기술의 발전을 탐탁지 않게만 볼 것도 아니다. 그래도 종이책이 사라지는 발전이라면 왠지 반길 수만은 없겠다 싶다. 이래서 늘 뒤처지는 모양이다. 느닷없이 대지 생각이 나서 이렇게 길게 끼적였다. 내 나름의 책 이야기랄까. 순식간에 한 시대가 지나간 느낌이다.

총각무와 김 그리고 숭늉

방 이야기부터 할까. 그냥 방이라기보다 방이자 집인 곳. 어쨌든 한 가족이 마주앉아 밥을 먹고 머리를 한쪽으로 나란히 두고 자는 곳이니까. 이불을 깔면 침실이 되고 이불을 개고 밥상을 놓으면 주방이 되는 그런 방.

그런 방에 살았고, 친구가 살던 그런 방에도 갔다. 초등학교 때였지 싶다. 중학교 때였나? 무슨 상관이겠는가. 두 개의 방이 아직도 기억 한편에 생생하게 남아 있다. 대조적인 분위기의 방이었다. 그 방에 살던 친구들도 그랬다. 하나는 지나치게 밝고 자신감이 넘쳤던 반면, 나머지 하나는 주눅이 든 것처럼 늘 어두운 표정이었고 말도 없었다. 친구와 방, 모두 그랬다.

밝은 쪽은 너무 밝아서 어두웠고, 어두운 쪽은 너무 어두워서 밝았다. 말장난을 하려는 게 아니라 실제로 그랬다. 밝은 쪽의 방은 마치 푹 삶아서 풀 먹인 뒤 다듬이질을 한 이불 홑청처럼 환하게 빛이 나고 말쑥했지만, 그만큼

서늘하기도 했다. 방문을 열고 나오면 복도라기보다 그저
지붕으로 하늘만 가려놓은 한데라고 해야 할 좁고 어두운
공간이 길게 이어져 있었다. 바닥은 축축해서 어디선가
시궁쥐라도 튀어나올 것만 같은 분위기였다. 1층 솜틀집에서
가파른 계단을 오르면 바로 그 시궁창 같은 좁고 긴 복도가
낮잠이라도 자는 것처럼 길게 누워 있었다. 그 어둠을 따라
한쪽으로 방들이 다닥다닥 붙어 있었다. 나는 어둠 이쪽에
선 채로 저쪽 어둠을 향해 친구 이름을 조그맣게 불렀다.
그러면 잠시 후 저쪽 끝에서 방문이 열리면서 한 무더기의
빛이 쏟아져 나왔다. 그 빛 속에서 얼굴만 빠끔히 내민 친구가
말했다.

들어와.

그냥 여기서 기다릴게.

나 밥 먹어야 되는데, 같이 먹고 가자.

난 먹고 왔는데.

그래도 들어와 얼른.

나는 친구의 방을 향해 그 축축한 복도를 걸었다. 서너
개의 방문을 지나는 동안 그중 한 곳의 문이 불쑥 열리지
않을까 내내 조마조마해하면서.

우리 식구 네 명이 살던 방보다 약간 넓은 방에서
친구네는 일곱 명이 살았다. 부모님과 다섯 남매. 친구의
여동생들이 이불 속에서 옷을 갈아입었다. 나는 방바닥만
쳐다보았다. 친구의 형은 부재중인 부모를 대신해 내게

이런저런 것들을 묻고 나서 마치 화가 난 사람처럼 침묵했다.
친구 혼자만이 신나게 떠들어댔다. 방은 깨끗했고 환했으며
벽에 걸린 옷가지들마저도 새것처럼 깨끔했다. 가사도우미
일을 오래한 친구 어머니는 아직 그럴 나이도 아닌데 꼬부랑
할머니처럼 허리가 잔뜩 굽었더랬다. 집 안은 물론 자식들
입성을 깔끔하게 유지하는 데 온 힘을 기울인 분이었다. 그건
아마도 마지막 자존심 같은 것이었으리라. 충청도 어디선가
부농 소리를 듣던 집안이라고 했다. 가산을 탕진하고 그나마
남은 재산을 정리해 자식들 교육을 위해 상경한 가족이었다.
깨끗한 방과 말쑥한 입성은, 더 이상 물러설 곳이 없는
그들에게는, 말하자면 유일하게 남은 재산이었으리라.

 친구는 늘 밝았다. 과하다 싶을 정도로. 우스갯소리도
잘했고 장난도 잘 쳤다. 그 방에서 나는 식구들과 밥을
먹었다. 밥상에서도 친구의 장난은 멈추지 않았다. 총각무를
그릇 둘레에 하나씩 비스듬히 세우면서 마치 배급을 하듯
주인을 정해주었다.

 내 껀 왜 이렇게 작은 거야?

 막냇동생이 부루퉁해져서 볼멘소리를 했지만, 친구는
무시했다.

 자, 밥 한 숟가락에 총각무 한 입씩이야. 형도 예외
없으니까 그리 알아.

 밥상머리에서는 까불지 좀 마. 네 친구도 와 있는데.

 그냥 먹으면 심심하잖아. 그치?

짓궂은 표정을 지으며 친구는 내게 물었다.

나야 뭐 그냥……

내 몫의 총각무를 한 입 씹었는데, 아삭아삭했다. 잘 익어서 속까지 맛이 들었는데도 어제 담근 것처럼 아삭아삭했다.

맛있지?

친구가 물었고 나는 고개를 끄덕였다. 정말 맛있었다. 지금까지도 그렇게 아삭아삭하면서도 잘 익은 맛이 나는 총각무는 먹어본 적이 없다. 해마다 늦가을이면 총각김치를 담가 먹는데 좀처럼 그런 맛은 나지 않는다. 그날 그 방에는 총각무 씹는 소리가 가득했다. 방 안 가득 쏟아져 들어온 햇빛처럼. 그들의 자존심처럼.

어두운 쪽의 방은 다른 친구의 것이었다. 저 남쪽 바닷가에서 올라왔다는 친구였다. 다른 친구들과 잘 어울리지 못했는데, 나랑은 운동장 한편에서 아이들이 축구하는 모습을 구경하다가 친해졌다. 그렇게 기다리다 보면 집에 가야 한다고 빠지는 아이를 대신해서 뽑혀 들어가기도 했다. 나는 키도 작은 데다 고질적인 탈장 때문에 잘 뛰지 못했다. 끼워줄 리 없었다. 친구 녀석은 전학 온 지 얼마 안 된 데다 척 봐도 시골에서 막 상경한 티가 났다. 둘이 하염없이 기다리다가 혹여 운이 좋아 뽑혀 들어가더라도 골키퍼 앞에 서 있다가 날아오는 공을 몇 차례 몸으로 막는 게 고작이었다. 그래도 그게 어딘가. 우리는 기다렸고 멍청히 서 있다가 공을 맞았고 옷을 툭툭 털고 같이 하교했다.

어느 날 하굣길에 친구가 말했다.

오늘은 우리 집에서 저녁 먹고 가지 않을래?

너네 집에서?

응. 안 돼?

아니, 그러지 뭐.

친구네 방은 마당이 있는 개량 한옥의 문간방이었다. 집은 조용했고 깨끗했으며 특히 마당이 인상적이었다. 저녁 무렵이었는데도 고즈넉한 분위기가 좋아서인지 햇살 몇 조각이 떠나지 않고 남아 있었다.

들어와.

넋 놓고 마당을 쳐다보고 있다가 친구의 재촉을 받고는 방으로 들어섰다.

방 안은 마당과 달리 어둠침침했다. 백열등이 켜져 있었는데 꼬마전구였던 것으로 기억한다. 특이했던 것은 방바닥이었다. 짚이 깔려 있었다. 돗자리도 아니고 일본에서 방에 깐다는 다다미도 아니고 그냥 짚이었다. 습기 때문이었을까. 아니면 바닷가에서 지내던 습성 때문이었을까.

친구네 방에선 할머니와 부모님 그리고 이마 한쪽에 애들 새끼손가락만 한 사마귀가 나 있는 여동생이 살고 있었다. 어른들께 인사를 드리고 나는 방 한쪽 구석에 가만히 앉아 있었다. 식구들은 무섭도록 말이 없었고 친구도 별반

다르지 않았다. 마침내 밥상이 차려졌다. 친구 어머니가 살짝 구운 김을 자르지도 않고 한 장씩 식구들에게 나누어주었다. 물론 내 몫의 김도 있었다. 나는 16절지만 한 김을 손에 들고 어찌해야 좋을지 몰라 멍하니 친구 얼굴만 쳐다보았다. 무슨 의식을 치르는 것 같았다. 좀 있으니 모두들 아무렇지도 않게 김 위에 밥을 얹어서 둘둘 말기 시작했다. 그러고는 한 손에 쥔 채 한 입씩 베어 먹고는 밥상 위에 놓인 국을 떠먹고 반찬을 먹었다. 김밥을 먹어본 적이 없는 건 아니었지만 이런 식으로 먹어본 적은 없었던지라 나는 그 모습이 신기했다. 친구를 따라 나도 내 몫의 김에 밥을 얹어 김밥을 말았다. 친구가 잘하고 있다는 듯 흐뭇하게 웃어주었다.

한 입 베어 먹고 나니 친구가 물었다.

맛있지?

나는 역시 고개를 끄덕였다. 정말 맛있었다. 뭐랄까, 그냥 고소한 게 아니라 오묘한 고소함이랄까. 김이 그런 맛을 내는 음식인지 처음 알았다. 그제야 친구의 가족들이 나를 보며 소리 없이 웃었다. 할머니도 웃었고, 아버지도 웃었고, 어머니도 웃었다. 친구의 여동생은 이마에 난 사마귀를 가리려는지 끊임없이 머리를 쓸어내리면서 웃었다. 나도 웃었다. 방문 밖 마당에 남아 있는 햇살 몇 조각처럼 그렇게 모두 소리 없이 웃었다. 총각무를 먹을 때와 달리 씹는 소리도 들리지 않는 저녁 시간이었다.

아마도 그들은 자존심을 내세울 필요조차 없었는지도

모른다. 그들에게는 돌아갈 고향이 있었으리라. 다만 자식 공부시키려고 잠시 올라와 있었던 것이 아니었을까. 방문을 열면 마주치는 마당이 얼마나 낯설었을까. 그 고즈넉하고 깔끔한 서울 마당, 갯내도 나지 않고 파도 소리도 들리지 않는 마당에 내려서기가 얼마나 조심스러웠을까. 그 방의 어둠은 아마도 맞서고 싶지 않은 낯선 세계에 대한 최소한의 자기방어였으리라.

나는 맛있게 잘 얻어먹고 친구네 방을 나섰다. 친구가 따라 나왔다.

너네 집까지 같이 가줄까?

아니 괜찮아. 내일 학교에서 보자.

말도 없이 저녁 먹고 왔다고 너네 엄마한테 혼나는 거 아냐?

또 먹으면 되지 뭐.

나는 우리 식구가 살고 있는 작은 방을 떠올렸다. 우리 방은 밝은 쪽일까 어두운 쪽일까. 밝지도 어둡지도 않았다. 붉은 기가 도는 아삭아삭한 총각무도 아니고 검은 빛의 바다 내음 가득한 김도 아니었다. 그냥 멀건 숭늉 같은 어스름이었다. 자존심도 자기방어도 어울리지 않는. 나는 얼른 집에 가서 숭늉이나 한 대접 먹어야겠다고 생각하며 발걸음을 재촉했다.

냅킨과 절편

냅킨에 쓴 편지를 받은 적이 있다. 메모라고 해도 무방할 만큼 짧은 글이었지만, 멀리서 일부러 부쳐준 것이니 엄연히 편지인 셈이다. 김우창 전집 중 한 권을 우체국 소포로 부치면서 책갈피에 냅킨을 끼워 보냈다. 발신지는 대구였고, 문제의 냅킨 편지를 쓴 사람은 대학에서 만난 지인이었다. 오래전 일이다. 그 후로도 그는 내게 이런저런 편지를 여러 통 보내주었다.

그는 내가 졸업할 무렵 대학에 입학한 터라 친하게 지낼 기회가 별로 없었던 데다 나이도 엇비슷해 선후배로 지내기에도 영 어색하고 불편한 사이였다. 실제로 우리는 서로 존댓말을 썼다. 그래도 이렇게 편지를 주고받았을 뿐만 아니라, 기억에는 내가 사는 집에 그를 몇 번 데려오고 나 또한 그가 자취하는 방에 여러 차례 놀러 간 데다, 어느 해 여름엔가는 대구에 있는 그의 집에까지 갔던 것으로 보아 서로를 불편해하기만 한 건 아니었던 모양이다. 내가 팔판동에 살 때는 내 방에 불쑥 찾아와서는 인왕산을 구경시켜달라고 해서 함께 그 악산(嶽山)을 오르기도 했고, 또 언젠가는 명동을 구경시켜달라고 해서 같이 번잡한 명동 거리를 쏘다니기도 했다. 구경시켜달라고 해서 나섰지만, 정작 안내자 역할을 한 건 매번 그였다. 큰 키로 휘적휘적 걷는 그의 곁에서 나는 내내 여행객처럼 굴었다.

만나면 주로 이런저런 이야기를 나누었다. 때로는 밤이 새도록 이야기를 주고받기도 했다. 이야기하다 침묵하고 이야기하다 침묵하고 뭐 그런 식이었을 것이다. 한문학을 전공한 그는 텔레비전도 없는 좁은 방을 직접 짜맞춘 커다란 나무 책상과 책꽂이만으로 가득 채웠는데, 책꽂이에는 복사본에서 영인본에 이르는 각종 서책들이 빽빽하게 꽂혀 있었다. 대구 그의 집에 갔을 때는 작은 도서관이라고 불러도 좋을 만큼, 책장으로 가득한 그의 서재를 멍한 표정으로 구경하기도 했다.

그렇다고 우리가 책 이야기만 나눈 것은 아니었다. 더러 끼워 넣기도 했겠지만, 최소한 주된 화제로 올리진 않았다. 글쎄, 이런 말이 가능할는지 모르겠지만, 내 생각엔 우리가 서로의 이야기하는 방식을 즐기지 않았나 싶다. 내가 이야기하는 방식이 그에겐 얼마나 특별하게 여겨졌는지 모르겠지만, 그가 이야기하는 방식은 내게, 충분히, 특별하고도 남았다. 뭐랄까, 책을 읽는 기분이었달까. 이를테면 그는 문어체로 말했는데, 그가 구사하는 문장들이

대부분 지독한 만연체에다 쉼표를 여러 군데에 찍어야만
이해할 수 있는 문장들이어서 집중해 듣지 않으면 좀처럼
해독이 되지 않았다. 다행스러운 것은 그가 나로 하여금
마음속으로 쉼표를 찍으며 해독해낼 만한 충분한 시간을
주었다는 것이다. 성격이 다소 급한 편이었고 과음하는 경우
목청을 높여가며 주사를 부리기도 했는데, 다행스럽게도
나하고 이야기를 나눌 때는 낮은 목소리로 천천히 특유의
만연체 문장을 늘어놓아, 굳이 다시 말해달라고 반복해서
청할 필요는 없었다. 심할 때는, 정말 책처럼, 각주를 달기도
했는데, 신기하게도 나는 다 알아들을 수 있었다. 그런 상황을
나보다, 어쩌면 그가 더 신기하게 받아들였는지도 모른다.

"이런 걸 물어도 괜찮을는지 모르겠습니다만, 뭐 굳이
이렇게 괜찮을는지 모르겠다고, 묻기도 전에 주저하는
이유는, 언젠가, 여기서 말하는 언젠가는 제가 형하고 처음
만나던 아마도 그 무렵이지 싶은데, 정확하지는 않아서
언젠가라고밖에 달리 말씀드릴 수 없지만, 그때 그 자리에
함께 있었던 누군가가 형에게 뭐 하나 물어봐도 되겠냐고
말했을 때, 아, 그 누군가가 누구였는지 방금 생각이
났습니다, 하지만 굳이 이름을 거론하는 것이 적절치
않을 것 같아서 그냥 말씀드리자면, 아무튼 그때 형이
가능하면 아무것도 묻지 말라고, 제 생각에는 우스갯소리로
말했겠지만, 어쨌든 그때 그렇게 말씀하신 것을 제가
오래도록 인상 깊게 여기고 있었던 터라, 인상 깊었다는 것은

나쁜 의미로 받아들이지 않았다는 것이니 오해 없으시길 바라는데, 아, 생각해보니 반드시 그런 건 아닐 수도 있으니 그 부분은 다시 지워야겠습니다. 하여간 그런 생각이 제 머릿속에 오래도록 자리 잡고 있었던 터라 이렇게 먼저 괜찮겠냐고 물을 수밖에 없습니다."

좀 과장하면 이런 식이었다. 이런 말은 처음엔 신기하고 재미있기도 해서 귀 기울여 듣게 되지만, 반복되다 보면 참을성을 가지고 끝까지 들어주기가 어려워진다. 더군다나 여러 사람이 모인 자리라면 곤혹스러워지기 쉽다. 그러니 이런 식으로 이야기를 하는 사람은 자신의 이야기를 끝까지 마치는 경우가 드물 수밖에 없고, 그러다 보면 말은 점점 더 미궁 속으로 빠지게 된다. 그것이 아마 당시의 그에겐 콤플렉스이자 아픔이었을지도 모른다. 그런데 나는, 그의 저 지독한 만연체 문장을 듣는 것이 그다지 불편하지 않았다. 물론 처음엔 그의 말을 따라가기가 쉽지 않아 애를 먹기도 했지만, 차차 적응이 되면서는 그의 말이 편안하게 느껴지는 것이었다. 자신의 말을 끊임없이 고쳐 말하는 자와 그 말을 끊임없이 고쳐 듣는 자. 그게 바로 오래전 그와 내가 만든 이상한 풍경이었다.

그렇다면 이런 사람이 쓰는 글은 어떨까? 놀랍게도 그의 글은, 마치 싸리비로 정갈하게 쓸어놓은 마당 같았다. 짧은 문장은 여운을 남겼고, 긴 문장은 명료했다. 편지는 대부분 그런 문장들로 채워졌다. 게다가 내가 절편체라고 부른 그의 글씨도 마음에 들었다. 절편 떡처럼 네모반듯하고 큼직큼직하게 써내려간 그의 글씨들을 보고 있으면 간이 적당하게 밴 절편을 오랫동안 씹는 느낌이었다. 자극적인 맛으로 가득한 음식은 입 안에 오래 담고 있기가 힘들다. 자극적인 맛이 거슬려서 그렇기도 하지만, 어서 넘기고 싶은 욕망이 강해서 그렇기도 하다. 하지만 그의 글은 그렇지 않았다. 오래도록 입 안에 물고 오물오물 씹고 싶은 절편 떡 같았다. 생각해보니 급하게 꿀떡 삼키지 말고 오래도록 음미해야 한다는 면에선 그의 글 또한 그의 말과 크게 다르지 않았다.

냅킨에 쓴 글도 그랬다. 패스트푸드점에서 햄버거를 먹으면서 쓴 모양이었는데, 마치 조선 시대의 선비가 맥도날드나 롯데리아를 찾은 것처럼 그는 "이런 곳에 와보셨습니까? 흥미로운 곳입니다"라는 투의 문장을 냅킨에 볼펜으로 꾹꾹 눌러 써 보냈다. 냅킨은 물론이지만 그에게서 받은 편지들 또한 몇 번의 이사 과정에서 그만 분실하는 바람에 지금은 가지고 있지 않아 아쉽다. 그가 학교를 졸업하고 고향인 대구로 내려가서 대학원에 다닐 때까지도 연락을 주고받았는데, 그 뒤로 자연스럽게 연락이 끊기고 말았다.

오랜만에 패스트푸드점에 들어가 앉아 냅킨을 펼치다 보니 문득 냅킨에 절편체로 편지를 쓰던 지인 생각이 나서 나 또한 내 마음속 냅킨에 끼적여보았다.

오늘은 우는 날

힘든 일을 겪으셨다고요. 가족과 관련된 일이라니 더 가슴이 아프네요. 뭐라고 따뜻한 위로의 말을 해드려야 할 텐데 제게 그런 재주가 없다는 게 안타까울 뿐입니다. 대신 오래전에 읽은 외국 소설 얘기를 해드리고 싶습니다. 「오늘은 우는 날」이라는 제목의 단편입니다.

바닷가 소도시에 역병이 번졌답니다. 손쓸 틈도 없이 도시 전체를 휩쓴 정체불명의 바이러스 때문에 수많은 사람들이 희생되었다는군요. 보건 당국이 실태 조사에 나섰지만 원인을 밝혀내지 못한 채 도시 인구의 10분의 1에 해당하는 사람들이 사망하기에 이르렀답니다. 게다가 유가족들은 시 당국에 의해 격리 조치되었다는군요. 그렇게 3개월이 흐른 뒤 마침내 바이러스의 정체가 밝혀지고 백신 접종이 이루어진 뒤에야 격리되었던 사람들은 집으로 혹은 직장으로 돌아갈 수 있었답니다.

하지만 그들은 슬퍼할 여력조차 없었죠. 희생된 가족의

장례를 치러야 했지만 시신은 이미 소각된 뒤였고, 무엇보다 격리되어 있는 동안 그들을 사로잡았던 공포가 아직 사라지지 않았으니까요. 게다가 격리될 필요가 없었던 이웃과 동료들을 어떻게 대해야 할지 알 수 없었습니다. 그들의 얼굴엔 커다란 구멍이 뚫린 것만 같았습니다. 어찌해야 좋을지 모르는 건 이웃이나 동료들도 마찬가지였죠. 살아 돌아온 사람들과 반갑게 악수를 나누거나 포옹을 하면서도 그들은 아무렇지도 않다는 표정을 지어야 할지 아니면 슬픈 표정을 지어야 할지 알 수 없었습니다. 모두들 슬픔보다는 두려움이 두려움보다는 어색함이 더 견디기 어렵다는 걸 깨달아야만 했죠. 슬픔이나 두려움은 드러내 표현할 수도 있고 또 그렇게 함으로써 잊을 수도 있지만, 어색함은 드러낼 수도 없고 그렇다고 드러내지 않을 수도 없었으니까요. 우는 사람도 웃는 사람도 없었습니다. 그렇게 사람들은 점점 표정을 잃어갔고 도시 전체에 마치 커다란 구멍이 뚫린 것만 같았습니다.

    사태를 수습하고 기자회견을 하던 시장은 "오늘은 집에 돌아가 울고 싶습니다. 오늘만 울겠습니다"라고 말하고는 총총히 기자회견장을 떠났습니다. 언론은 시장의 행동을 질타하기 시작했죠. 시민들의 마음을 위로하고 희망을 안겨줘야 할 시장이 무책임한 행동으로 혼란을 부추기고 있다는 것이었습니다. 의회의 반응도 싸늘했습니다. 동정을 얻기 위해 연기를 하는 것이라고 비아냥거렸죠. 하지만 시민들은 무반응으로 일관했습니다. 정말이지 아무런 반응도 보이지 않았습니다. 모두들 표정을 잃어버린 얼굴로 텔레비전을 멍하니 바라볼 뿐이었습니다.

그런데 다음 날 열세 살짜리 소년 하나가 광장에 나타났습니다. "오늘은 내가 우는 날입니다"라고 쓴 피켓을 든 채로 소년은 하염없이 울었습니다. 나중에 알고 보니 소년은 역병이 도시를 휩쓸 무렵 자신이 키우던 강아지를 잃었다는군요. 역병으로 반 친구를 잃기도 했는데 친구보다 강아지가 더 생각나더라는 겁니다. 소년은 자책했습니다. 하지만 누구에게도 자신의 고민을 말할 수 없었죠. 너무나 사소한 일이었으니까요. 소년은 울었습니다. 강아지를 잃은 슬픔 때문에 울었고, 반 친구에게 미안해서 울었고, 자신이 바보 같아서 울었습니다.

사람들이 소년을 둘러쌌습니다. 그러나 아무도 소년을 안아주거나 위로해주지 못했습니다. 소년은 기진맥진해질 때까지 혼자 울다가 집으로 돌아갔습니다. 그리고 다음 날엔 아무도 광장에 나타나지 않았습니다. 다만 사람들은 집에서 일터에서 혹은 버스정류장에서, 두 손으로 얼굴을 감싼 채 조용히 흐느꼈습니다. 주위 사람들에겐 그저 담담히 "오늘은 제가 우는 날입니다"라고 말할 뿐이었죠. 음식을 만들던 식당 주인도 회의를 주관하던 임원도 수업을 듣던 학생도 심지어는 버스를 운전하던 기사까지 얼굴을 감싸고 울었습니다. 하지만 여럿이 우는 일은 없었습니다. 누군가 울고 있을 땐 아무도 따라 울지 않았고, 울기 위해 모이는 경우도 없었습니다.

무엇보다 사람들은 우는 얼굴을 남들에게 보이고 싶어 하지 않았습니다. 광장은 늘 텅 비어 있었습니다.

그렇게 또 3개월이 흘렀습니다. 사람들은 여전히 혼자 울었습니다. 어디서든 손으로 얼굴을 감싸고 울고 있는 사람을 볼 수 있었습니다. 그사이 '오늘은 우는 날'을 알리는 다양한 액세서리들이 히트 상품이 되었고요. 하지만 그때뿐 울고 나면 사람들은 다시 구멍 뚫린 표정으로 돌아갔습니다. 어떤 사람은 '오늘은 우는 날'이라는 글자가 새겨진 모자를 쓰고 얼굴을 가린 채 울고 나서는 모자를 쓰레기통 속에 던져버리고 씩씩거리며 그 자리를 뜨기도 했습니다. 울고 있는 사람 옆에서 아무렇지도 않게 식사를 하거나 담소를 나누는 풍경도 그다지 이상할 것이 없었습니다. '오늘은 우는 날'을 패러디한 코미디 프로그램까지 생길 정도였으니까요.

그런데 어느 날 저녁 전철 안에서 두 손으로 얼굴을 감싸고 울던 사람이 전철이 흔들리는 통에 그만 옆 사람과 부딪히고 말았습니다. 울던 사람은 순간적으로 손을 내렸고 그 바람에 눈물로 범벅이 된 얼굴이 그대로 드러나게 되었습니다. 옆 사람은 놀란 표정으로 상대의 얼굴을 쳐다보았습니다. 상대는 무안했던 나머지 눈물로 범벅이 된 얼굴에 억지로 미소를 지으려 애썼습니다. 그 순간 두 사람은 서로를 쳐다보며 웃고 말았습니다. 그야말로 순식간에 벌어진 일이었습니다. 서로를 쳐다보며 웃고 있는 자신들이 그저 놀라울 뿐이었습니다. 그리고 울었습니다. 울다가 웃다가 또

울었습니다. 그러고는 서로를 꼭 끌어안았습니다. 그제야
그들은 자신들이 울음을 되찾았다는 사실을 깨달았습니다.
그러자 울분도 슬픔도 기쁨도 그리고 심지어는 미움까지도
되찾을 수 있었습니다. 그날 이후 더 이상 광장은 텅 빈 채로
버려지지 않았습니다.

    뭐 이런 내용의 소설입니다. 작가의 이름은 물론 어느
나라 사람인지도 기억에 없습니다. 다만 '오늘은 우는
날'이라는 제목과 마지막 장면만은 잊으려야 잊을 수가
없더군요. 당신에게 '오늘은 우는 날'이어도 괜찮겠다는 말을
하고 싶었는데, 소설 얘기만 길게 늘어놓고 말았군요. 제가
이렇습니다. 하지만 기꺼이 같이 울어드리겠습니다. 당신은
당신이 사는 곳에서 저는 이곳에서 '오늘은 우는 날'로 보내는
건 어떻겠습니까? 한바탕 울고 나서 같이 웃는 겁니다.
소설에 나오는 사람들처럼 말이죠.

    추신:
따로 찾아보실 필요 없습니다. 「오늘은 우는 날」이라는
소설은 없으니까요. 눈치채셨겠지만 제가 지어낸
이야기입니다. 위로가 되었으면 좋겠군요. 그럼……

홀로, 나와 함께

1

초등학교 5학년 때로 기억한다. 갑자기 쏟아진 소나기에 물초가 된 채로 집에 돌아온 적이 있다. 그때 어머니는 가사도우미 일을 다닐 때라 우리 가족이 세 들어 살던 문간방엔 학교에서 돌아온 동생이 혼자 잠들어 있었다. 부엌으로 난 툇마루에 걸터앉아 바짓단을 타고 흘러내리는 빗물을 멀거니 내려다보고 있는데, 마침 주인집 가사도우미 누나가 그런 나를 발견했다. 누나는 호들갑을 떨며 따뜻한 물을 받아 씻게 해주더니, 따끈하게 데운 우유 한 잔과 함께 그 집의 빈방에 나를 들이고는 친절하게 불까지 넣어주었다.

    나는 그 방에서 아주 깊은 잠을 잤다. 반투명 격자 유리문 밖에서 들려오는 여자들의 말소리와 물소리에 깰 때까지. 잠에서 깬 뒤 나는 마치 잉크병 속에 들어앉은 것처럼 저녁 어스름이 내 살갗을 검푸르게 물들이는 걸 지켜보며 우두커니 앉아 있었다. 그리고 기다렸다. 문밖의 저 두 여자 중 누군가 격자 유리문을 열고 나를 발견해주리라기대하면서.

　기다리고 또 기다렸다. 그러자 그들은 씻고 또 씻었다. 쌀을 씻었고, 감자와 양파의 껍질을 벗겨서 씻었고, 생선의 속살을 벌려서 씻었고, 손을 씻었고 그리고 발을 씻었다. 그러나 끝내 아무도 나와 내가 들어 있는 방 이야기는 언급하지 않았다. 나는 생각했다. 저들에게 내가 여기 있다고 신호를 보내야 하나 아니면 저들이 알아차릴 때까지 기다려야 하나. 모래알 같은 소름이 돋아 온몸이 사포처럼 뻣뻣해졌다.

　잠시 후 수돗가에 모여 있던 소리들이 차츰 잦아들자 나는 유리문 앞에까지 바싹 다가가 앉았다. 콸콸 쏟아져 내리던 물줄기의 거센 소리가 어느새 가늘어졌고, 그릇 부딪는 소리가 잠깐 들리는가 싶더니 이내 잠잠해졌다. 모두 돌아간 걸까. 그 순간 누군가 들릴 듯 말 듯하게 중얼거리는 소리를 나는 들었다.

　이 녀석이 옷만 달랑 벗어놓고는 대체 어딜 간 거야.

　내 손바닥이 유리문에 가닿았다. 하지만 내 몸은 어떤 공명도 울려내지 못했다. 오히려 입은 더욱 굳게 다물어졌으며 오직 귀와 코만이 열려 있을 뿐이었다. 모든 신경세포가 두 기관을 향해 빠른 속도로 모여들었다. 나는 몸을 움츠렸다. 잔뜩 도사린 한 마리 고양이처럼.

　이윽고 어머니의 슬리퍼 소리마저 멀어졌다. 혼자 남은 것이다. 귀에 몰려 있던 신경세포들이 다시 코끝으로 우르르 몰려갔다. 그러자 온갖 냄새들이 참았던 숨을 토해내며 한꺼번에 깨어나기 시작했다. 창문을 통해 바람이 불어왔으며, 집바퀴가 천장에서 내려왔다. 어스름이 지워지고 그 자리에 재빨리 어둠이 들어섰다. 동시에 잔뜩 독이 오른 채 코끝에 몰려 있던 세포들이 비로소 제자리를 찾아 뿔뿔이 흩어져 가기 시작했다. 소름이 가라앉았고 피가 다시 순환했으며, 이윽고 입이 벌어지면서 한숨이 터져 나왔다.

2

혼자 된 경험을 처음 했을 때였다. 어린 내가 방문을 열고 나 여기 있노라고 밝히지 못한 이유를 오랫동안 고민했더랬다. 가사도우미 누나는 나를 그 집의 빈방에 들인 걸 까맣게 잊었고, 어머니는 혼잣말로 중얼거렸을 뿐 소리 내 나를 찾지 않았다. 그들은 마땅히 내 이야기를 나누어서 내가 비집고 들어갈 자리를 만들어야 했지만, 그러지 않았다. 한 사람은 잊었고, 한 사람은 찾지 않았으며, 나는 지워졌다.

그렇게 나는 혼자가 되었다. 그 방 안에 혼자 덩그러니 남아 있었으니 물리적으로 혼자였던 게 분명하다. 하지만 한편으론 다른 사람들이 저녁을 준비하는 집 안에 있었던 데다가 반투명 격자 유리가 달린 미닫이문을 사이에 두고 수돗가의 두 여자와 함께 있기도 했으니, 엄밀히 말하면 혼자가 아니었다.

혼자이면서 동시에 혼자가 아닐 수 있다는 걸 느낀 건 방 안에서도 마찬가지였다. 그날 그 방 안에 나는 혼자가 아니라 나와 단둘이 남아 있었으니 말이다. 어스름이 스며들던 방 안에 가만히 앉아서 느끼고 듣고 냄새 맡았던 건 다름 아닌 나였으니까. 내 안에서 그토록 많은 소리들이 아우성처럼 쏟아져 나올 수 있다는 것도 그날 처음 알았다. 미처 소리가 되어 나오지 못한 그 소리들.

    오히려 밖의 여자들과 함께였을 때 나는 오롯이 혼자였다. 내 존재를 까맣게 잊고 있는 두 여자가 나를 기억해주기를 바라며 매 순간 그들에게 매달리듯 집중할 수밖에 없었던 그 시간. 그날 나와 그들 사이를 가로막고 있던 반투명 격자 유리 미닫이문은 안과 밖을 나누는 경계가 아니라 그저 벽이었다. 나를 까맣게 잊은 그들에게나 끝내 닿지 못한 구조신호를 보내고 있던 내게나.

    그 벽이 경계가 된 건 그들이 모두 수돗가를 떠난 뒤였다. 비로소 내가 나와 단둘이 남게 된 그 순간부터. 두 여자의 소리가 들릴 땐 극에 달했던 긴장감과 외로움이 씻은 듯 사라져버리고 편안함이 찾아들던 그 순간부터. 벽은 경계가 되어 밖의 소음과 공기로부터 나를 보호해주기 시작했다.

3

성인이 되어서도 여럿이 함께 있을 때 오히려 혼자라고 느끼고, 마침내 내 거처로 돌아와 혼자가 되었을 때 비로소 혼자에서 벗어났다고 느끼는 버릇은 여전했다. 멀쩡한 직장을 두 군데나 그만두고 나와 혼자 일하게 되었을 때도, 그 지겨운 혼자에서 벗어났다는 기분에 마음이 편안해졌을 정도로.

지금도 마찬가지다. 사람들은 내게 혼자 일하니 외롭겠다고 말하지만, 혼자 일하긴 해도 그 때문에 외로운 건 아니다. 하긴 SNS도 하지 않고 카톡 계정도 없는 사람이 외로움 운운한다면 그게 더 어색하겠다.

교정지엔 저자며 번역자며 편집자는 물론 디자이너의 목소리까지 차고도 넘친다. 외로울 새가 없다. 다만 나는 거기에 내 목소리를 더하는 것이 아니라 평균 독자의 목소리를 대신 내주어야 한다. 저자나 번역자, 편집자는 물론 디자이너까지 자신의 창의성이나 아이디어를 책에 고스란히 드러낼 수 있지만 교정 교열자인 나는 그럴 수 없다. 내가 일한 흔적을 남겨서는 안 되니까. 마치 그 옛날 빈방에 홀로 앉아 까맣게 잊었던 그때처럼, 나는 존재하면서도 존재감이 없어야 한다. 혼자라고 느끼기에 맞춤한 조건이 아닌가.

일을 하다가 쉴 때나 하루 일을 마치고 내 거처로 돌아와서야 비로소 혼자인 상태에서 벗어나 나와 단둘이 있게 되는데, 물론 이런 상황이 좋을 때도 있고 그렇지 않을 때도 있다. 외로움이란 나와 단둘이 남은 상황을 어색해하는 정서고, 고독감이란 그 상황을 즐기는 정서라고 한다면, 외로움을 느낄 때도 적지 않으니까. 게다가 "이제 나는 홀로 나의 살해자와 함께 있다"는 어느 시인의 시구를 빌려 말하자면, 언젠가는 내 삶을 마무리해줄지도 모르는 나와 단둘이 남는다는 게 늘 좋을 수만은 없을 테니 말이다.

하지만 아직까지는 께름칙할 정도는 아니다. 즐기고 있다고 말할 수는 없지만 그래도 마음 편한 건 사실이다. 아마도 내가 그날 그 방에서 어떻게 나왔는지 정확하게 기억해낼 때까지는 이런 상황이 계속되지 않을까 싶다. 지금까지 기억 못 하는 걸 보면 앞으로도 영원히 기억 못 할 게 뻔해 보이지만 말이다.

찌릿찌릿 전파사

요즘은 어디서나 전파사를 찾아보기 힘들다. 전자 제품은 더 늘었는데 AS가 잘되어서 그런지, 아니면 고장 나면 미련 없이 신제품으로 바꿔버려서 그런지, 그도 아니면 예전과 달리 지금은 주먹구구식으로는 고칠 수 없는 첨단 기술이 적용돼서 그런지, 아무튼 전파사들이 점점 사라져가는 추세다.

부천에 살 때 동네에 전파사가 있었다. 그 당시에도 보기 드문 전파사였다. 어디 구석진 곳으로 밀려나 여전히 성업 중인데 내가 못 찾았던 건지도 모르지만……

아무튼 예전엔 텔레비전이나 라디오는 물론 어른들이 '도란스'라고 부르던 변압기가 고장 나도 무조건 전파사로 달려가는 수밖에 없었다. 「한 지붕 세 가족」의 순돌이 아빠같이 생긴 아저씨가 팔에는 토시를 차고 한쪽 눈에는 외눈박이 돋보기를 낀 채로 뜨악하게 쳐다보며 "저쪽에 올려놓고 내일 와" 하고 말할 뿐 어디가 고장인지 묻지도 않았다. 어린 나는 어디선가 깡통로봇이라도 튀어나올 것

같은 만물상 분위기에다 전기인두기 아래에서 비명 같은
연기를 뿜어내며 녹아내리는 납 냄새 탓에 어쩐지 몽롱한
느낌이 들곤 했다. 그 '포스'에 눌려 엄마가 꼭 물어보라던
가격도 제대로 묻지 못하고 갖은 표정으로 순서를 기다리고
있는 라디오며 전기밥솥 따위 옆에 가지고 갔던 변압기를
조심스럽게 올려놓고 아쉽지만 그 요지경 세상을 뒤로할
수밖에 없었다.

요즘엔 이런 경험을 하는 아이들은 없겠지.

부천의 그 동네 전파사 앞을 지날 때마다 나는 습관처럼
걸음을 멈추곤 했다. 옛 추억에 사로잡혀서가 아니라
전파사의 상호 때문이었다.

'찌릿찌릿 전파사.'

처음 볼 때부터 눈길은 물론 내 마음까지 단번에
사로잡았던 그 이름. 도대체 어떤 분일까. 이런 이름을 지을
정도라면 정말 깡통로봇을 조수로 쓰고 있을지도 모르잖은가.

하지만 안타깝게도 그 '찌릿찌릿 전파사' 또한 결국 문을
닫고 말았다. 전파사가 들어 있던 건물 전체가 리모델링에
들어간 것이었다. 동네에 유일하게 남은 전파사였는데,
어쩐지 한 시대가 마감되는 걸 지켜보는 기분이었달까.
공연히 내 나이가 실감되기도 했고……

어느 날 리모델링된 모습으로 짜잔 하고 새롭게 등장할
리는 만무하고, 아마도 그 자리엔 유명 브랜드의 빵집이나
이동통신사의 대리점이 들어서지 싶다. 이런 결정은 대체

누가 내리는 걸까. 이를테면 세상은 이 시점에서 전파사의 시대에서 AS 센터의 시대로 바뀌어야 한다는 따위의 결정 말이다. 가끔, 아니 종종 그게 궁금하다. 세상이 만들어질 때 손 하나 보탠 적 없으니 따르라면 따를 수밖에 없겠지만, 그래도 씁쓸함이라도 돌려주고 싶다.

    제길. 상호를 정한 그 주인을 꼭 한 번 만나보고 싶었는데. '찌릿찌릿 전파사'.

중독, 그 교차로에 갇히다

담배를 끊은 지 오래되었다. 아니, 이렇게 말하면 안 된다. 담배는 물론이고 모든 종류의 중독은 끊을 수 있는 게 아니니까. 다만 참는 것일 뿐. 도박이 됐든 술이 됐든 담배가 됐든 중독을 초래하는 것을 피하고 참으면서 또 다른 중독(사회적으로 용인되거나 권장되는 중독, 이를테면 운동, 건강식 심지어 사랑까지)으로 대체하는 것은 가능해도, 중독 그 자체를 '끊는' 건 불가능하지 않을까. 삶이 어차피 중독인데(누구나 내일은 좀 나아질 거라는 희망으로 오늘 하루를 견디는 데 익숙해지고 빠져드니까)…… 끊다니.

그럴 일은 없겠지만 혹시나 다시 담배에 손을 대는 건 아닌가 싶어 긴장될 때마다 떠오르는 얼굴이 있다. 훤칠한 키에 호남형 얼굴을 한 사십대 후반의 남자. 환자복을 입고 있지 않았다면 어지간해서는 나하고 말 섞을 일 없어 보이는 건장한 체구의 사내. 말하자면 나하고는 사는 방식이 전혀 다를 것 같은 그런, 사람.

병원에서 만난 사람이다. 만남이라기보다 그저 부딪힘이라고 해야 옳을 그런 만남이었다. 아주 오래전 어머니가 병원에 입원하는 바람에 열흘가량 병원 생활을 해야 했는데, 그때 잠깐 스치듯 만난 사람이니까.

병원 생활은 그때가 이미 세 번째였던지라 딱히 불편할 건 없었다. 좀 과장하자면 새로 온 인턴이나 간호사보다 더 익숙했다고나 할까. 불편한 점이 있었다면 오직 한 가지, 담배였다. 담배를 피우려면 엘리베이터를 타고 건물 밖으로 나가야 했으니 말이다. 당시에는 하루에 한 갑가량 피웠으니 대략 스무 번 가까이 오르락내리락한 셈이다. 특히 새벽이나 한밤중에는 그 넓은 엘리베이터에 혼자 올라타서는 단지 담배를 피우기 위해 오르내리는 호사 아닌 호사를 누리곤 했다. 담배를 피우고 들어가는 길에 응급실로 실려 오는 교통사고 피해자와 맞닥뜨린 적도 한두 번이 아니었다. 그런 경우 대개 표정이 하얗게 지워진 얼굴의 보호자나 반대로 지극히 사무적인 표정의 경찰관들이 종종걸음으로 뒤따르는 모습을 보게 된다.

그런가 하면 낮에는 링거를 꽂은 환자나 새하얀 가운 차림의 의사들 속에 섞여 담배를 피우기도 했다. 의사와 환자와 보호자가 나란히 서서 담배를 피우는 것이다. 아마도 그 의사는 방금 전 진찰실이나 병실에서 환자에게, "무엇보다 담배를 끊으셔야 합니다"라고 점잖게 충고하고 나왔을지도 모르고, 환자는 바로 그 말을 듣고 마지막이라는 심정으로 한 대 피우자고 나왔을지도 모른다. 그럼 보호자인 나는? 그냥 피운 거지 뭐. 습관처럼.

한낮의 열기가 서서히 물러가기 시작할 무렵인 오후 4시경, 여느 때와 마찬가지로 병원 앞 한쪽 구석에서 담배를 피우고 있는데, 문제의 그 사내가 내게 다가왔다. 아주 천천히, 내가 피우고 있는 담배를 뚫어져라 쳐다보면서.

"담배 한 대 얻을 수 있을까요?"

병원이 아니라면 그리고 상대가 환자복을 입고 있지 않았다면 이건 안녕하세요, 라거나 혹은 좋은 아침입니다, 라는 인사말과 하등 다를 바 없는, 말하자면 특별한 의미가 없는 물음이다. 그러죠 뭐, 라고 대꾸하며 담배 한 개비를 꺼내 주면 그뿐인 그런 물음.

하지만 상대는 환자복을 입고 있었고 휠체어를 타거나 깁스를 하지도 않은 데다 링거를 꽂지도 않았으며 무엇보다 사십대 후반의 남자였다.

병원에서 지내다 보면 환자를 분류하는 나름대로의 기준이 생긴다. 오만상을 찡그리며 죽겠다고 소리 지르는 환자는 어지간해서 죽지 않는다. 화상 환자가 아니라면 외상 때문에 왔거나 며칠 전에 수술을 받고 회복 중인 환자인 경우가 대부분이다. 반면 무엇 때문에 병원에 왔을까 싶을 정도로 멀쩡해 보이는 데다 그 흔한 링거도 꽂지 않고 보호자도 동반하지 않은 채 주로 혼자 왔다 갔다 하는, 사십대 후반으로 보이는 남녀 환자의 경우 열에 아홉은 암 환자다. 그야말로 죽을병으로 병원에 온 사람들인 셈이다. 아이러니한 건 죽겠다고 소리소리 지르는 환자의 경우 보호자나 문병 온 친지들도 상황 설명을 하고 듣느라 시끄러운 반면, 암 환자들의 경우 보호자는 물론 문병 온 친지들마저도 조용하다. 뭐라고 말해야 좋을지 몰라서이기도 하지만 누가 뭐라지 않아도 자연스레 숙연해지기 때문이다.

그런데 지금 바로 그 경우에 해당하는 환자가 내게 담배를 얻을 수 없겠느냐고 물어온 것이다. 어쩐다. 한 3초쯤 생각에 잠겼다. 사내의 아래위를 훑어보는 시늉을 하면서. 당신 지금 환자복을 입고 있군요, 라고 확인시키는 절차라고나 할까.

"제가 담배를 드려도 되나요?"

그렇게 되물었던 것으로 기억한다. 예의를 차린다고 했지만 사실 지독히 내 입장만 고려한 반응이었다. 그러자 사내는 "죄송합니다, 미안합니다"만 반복할 뿐이었다. 이러이러한 병인데 대수롭지 않다며 나를 안심시킬 생각도 없는 모양이었다. 한 3초쯤 다시 망설이다가 나는 하는 수 없이 담배를 꺼내 사내에게 건넸다. 달리 도리가 없었다. 담배 한 개비 갖고 야박하게 굴고 싶지도 않았고, 무엇보다 당사자가 피우겠다는데 제삼자인 내가 말리고 나서는 것도 우스워 보여서였다. 그렇게 우리는 나란히 서서 담배를 피웠다. 마치 환자와 보호자처럼.

담배를 다 피우고 먼저 자리를 뜨면서 나는 그저 예의상(아니, 그냥 자리를 뜨기 어색해서였을 수도 있다) 내 인생에서 가장 어리석은 질문을 사내에게 던졌다. 다시 돌아갈 수만 있다면 얼른 뛰어가서 싹 지워버리고 싶은 멍청한 질문.

"그런데, 어디가 아프셔서 오신 거예요?"

"폐암이오."

놀랍게도 사내는 단 1초도 주저하지 않았다. 마치 물어주기를 기다렸다는 듯이 덤덤하게 남의 얘기 하듯 그렇게 말했다. 그러고는 예의 그 "미안합니다, 죄송합니다"를 다시 연발했다.

순간 머릿속이 하얘졌다. 사내를 한 3초쯤 빤히 쳐다보다가 곧장 뒤돌아서 비척비척 병실로 올라갔다. 뭐가 미안하고 뭐가 죄송하다는 거야 도대체, 그럴 것 같으면 선의의 거짓말이라도 했어야 하는 거 아냐. 담배를 얻어놓고 상대에게 나 폐암이오, 라고 말하는 저의가 대체 뭐란 말이야. 나쁜 자식. 나는 혼자 씩씩거렸다. 주먹을 쥔 채로 병실 복도를 왔다 갔다 하며 나쁜 놈, 불특정 다수를 향해 폭력을 행사하는 사이코패스 같은 놈, 하고 속으로 으르렁대느라 담당 간호사가 뭐라고 말을 거는 것도 눈치채지 못했다.

"어머니가 찾으신다구요."

병실로 돌아와 다시 환자들 틈에 섞이자 송곳처럼
돋던 적의가 어느새 잦아들었다. 그러자 사내에게 왠지
미안해졌다. 비록 대놓고 욕을 한 건 아니지만 그렇게까지
화를 낼 필요는 없었는데. 더군다나 미안하다고 사과까지 한
셈인데 말이다. 그런데 과연 그가 내게 사과까지 할 필요가
있었을까. 나 폐암 환자인데 담배를 좀 얻을 수 없겠느냐고
숫제 엿 먹으라는 식으로 접근한 것도 아니고, 단지 담배를
얻고자 했을 뿐인 데다 담배나 주고 자리를 떴으면 그만인데
오지랖 넓게도 병명을 묻는 오버를 한 건 바로 나 아닌가.
그렇게 생각하니 정작 내가 화가 난 건 사내 때문이 아니라 나
때문이었던 것 같았다.

사내는 이렇게 말하고 싶었던 건 아닐까. 당신이
묻는다면 내 병명을 감출 생각은 없다. 그래, 나는 담배를
피우다 이 꼴이 됐다. 그러고도 왜 담배를 끊지 못하느냐고?
담배를 대신할 다른 중독을 더 이상 찾을 수 없으니까.
희망이라는 중독 말이다. 그러니 당신은 어서 다른 중독으로
갈아타라. 그러기 싫다면 징징거리지 말고 즐겁게 피우라.
나처럼 죽을 때까지 피울 작정을 하고 말이다.

물론 이건 순전히 내 상상일 뿐 그가 실제 그런 의도로
내게 폐암이라고 말했을 리는 없다. 그가 무슨 생각으로
그리했는지는 나도 알 수 없다. 하지만 담배가 생각날 때마다
사내의 모습이 떠오르는 건 어쩔 수 없다. 나는 즐겁게 담배를

피울 용기(만용이라고 해야 할까)는 없지만, 그렇다고 희망에 중독되는 것이 더 즐거울 것 같지도 않다.

    이래저래 미처 빠져나가지 못하고 교차로에 갇힌 멍청한 운전자가 된 기분이다.

키키키

 무수히 말을 섞었음에도 한동안 떨어져 있다 보면 좀처럼 그 존재감이 느껴지지 않아 공연히 이쪽에서 미안해지는 사람이 있는가 하면, 인사는커녕 통성명도 나누지 못했지만 머릿속에서 쉽사리 지워지지 않는 사람도 있다.

 전자의 경우는 상대 또한 나의 존재를 잊고 지내기 십상이라 특별한 계기가 주어지지 않는 한(이를테면 모임 같은 데서 우연히 마주치지 않는 한) 따로 기억하고 말고 할 것도 없지만, 일단 만나고 나면 얘깃거리가 아주 없진 않다. 최소한 안부만 묻고 나면 뻘쭘해지는 그런 사이는 아닌 셈이다. 어쨌든 서로의 기억을 펌프질해서라도 공유하고 있는 추억 한 자락쯤은 뽑아낼 수 있으니까. 하지만 후자는 다르다. 만날 일도 없고 또 우연히 마주친다 해도 그 흔한 안부조차 물을 수 없다. 그를 만나다니…… 어제 마신 술이 덜 깼나?

 그때가 그러니까 30대 초반 즈음 종각역 근처에 있는 출판사에 다닐 무렵이었겠다. 내겐 두 번째 직장이었다. 꿈에 부풀 것까지야 없겠지만 1년여 가까이를 허송세월한 터라 나름 결의에 차 있긴 했다. 그런데 이놈의 직장이 문제였다. 옛날의 영광은 다 사라지고 새로운 시대는 아직 열리지 않은 오래된 출판사의 편집부. 할 일이 많지 않았다. 늘 시끌벅적한 근처 조계사와 비교해 도대체 어디가 절간인지 모르겠다고 투덜대는 게 일이었다. 저녁 6시면 칼퇴근에 동절기에는 그나마도 30분이 당겨졌다. 남아도는 시간을 주체할 수 없었다.

그 사내를 만난 건, 아니 발견한 건, 뭔들 못하겠느냐는 결의가 어느새 뭘 한들 달라지겠느냐는 체념으로 바뀔 무렵이었다. 종각역과 조계사 사이 어디쯤에 그는 늘 똑같은 자세로 서 있었다. 땅에 뿌리라도 내린 듯 그렇게 붙박인 채로. 하루 두 번 출퇴근길에 나는 그와 마주쳤다. 아니 마주쳤다기보다 이쪽에서만 일방적으로 보았다고 해야 옳겠다. 그는 시각장애를 가진 걸인이었다.

그의 행색은 다른 걸인과 좀 달랐다. 검은 안경과 지팡이, 발 앞에 놓인 플라스틱으로 만든 바구니까지는 그렇다 쳐도, 단정하게 깎은 머리와 늘 세탁해 입는 것 같은 밝은 색 점퍼, 칼 같다고까진 할 수 없어도 나름대로 다려 입는 게 분명해 보이는 양복 바지는 누가 봐도 걸인의 행색이라고 보기 힘들었다. 게다가 점퍼 안에는 가끔 스웨터가 아닌 흰 와이셔츠를 받쳐 입기도 했다. 그러나 무엇보다 내 시선을 끈 것은 그의 양쪽 귀에 꽂혀 있는 이어폰이었다. 세상에 이어폰을 꽂고 있는 걸인이라니. 앞에 놓인 바구니를 치우고 그대로 인파 속에 섞인다 해도 시각장애를 가졌다는 것 말고는 다른 시민들과 크게 달라 보일 것 같지 않은 그런 차림이었다.

뭘 듣고 있는 걸까. 찬불가라도 듣는 걸까. 아니면 영어회화 테이프? 공연히 별게 다 궁금해졌다. 하루 종일 그 이어폰을 귀에서 빼지 않는 눈치였다. 점심 시간에 그 앞을 지날 때면 주변 상인들의 도움을 받아 주로 먹기 편한 비빔밥을 시켜 점심을 해결하는 그의 모습을 볼 수 있었는데, 그때도 그는 이어폰을 꽂은 채였다. 심지어 조계사를 찾은 불자나 거리를 지나는 행인 중 누군가 그의 바구니에 동전이나 지폐를 넣을 때도 그는 그저 고개만 까딱할 뿐 보란 듯이 허리를 굽히거나 비굴한 표정으로 고맙습니다를 연발하지도 않았다. 재미있는 사람이군. 나는 그렇게 생각했다. 조계사 근처라 그런가. 걸인도 좀 남다른 데가 있는걸.

그러던 어느 날 퇴근길 종각역에서 그와 마주쳤다. 처음엔 의아해하다가 그 또한 퇴근하는 길임을 깨닫고는 잠깐 멍해졌다. 가만, 이 양반 출퇴근하는 건가? 기분이 좀 묘했다. 마치 근처 사무실 밀집 지역에서 우르르 몰려나오는 직장인 중 안면이 있는 한 사람과 동행하게 된 것처럼.

다음 날부터 나는 출퇴근길은 물론 외근을 나갈 때나 돌아올 때면 자연스레 그를 의식하게 되었다. 그는 나보다 일찍 출근했고, 나보다 늦게 퇴근했다. 퇴근길에 그를 뒤에 두고 터덜터덜 전철역으로 향할 때면 어설픈 상상력이 발동되기도 했다. 교외의 한적한 곳 조그만 보금자리에서 퇴근하는 그를 따뜻하게 맞아주고 구수한 된장찌개로 함께 맛있는 저녁을 먹는 단란한 가족의 모습.

그즈음 출퇴근길 전철 안에서 나는 주로 소설책을 읽었다. 토요일 퇴근길엔 점심 대신 노점에서 설탕이 하얗게 뿌려진 도넛과 캔커피를 사서는 신촌 서강대 앞의 단골 비디오방에서 혼자 영화를 보는 게 유일한 낙이었다. 다른 곳에서는 잘 취급하지 않는 이른바 예술 영화가 다양하게 비치되어 있었다. 어떤 건 지루했고 어떤 건 재미있었다. 할 일 없이 거리를 쏘다니다가 벤치에 앉아 거리를 지나는 사람들을 한참 동안 멍하니 바라보기도 했다. 사람들의 모습이 책에서 읽은 문장이나 영화에 나온 배우들 같았다. 그만큼 현실감이 없었다. 누군가 쾅 하고 책을 덮거나 컷 하고 외치면 모두들 그 자리에 멈춰 서서 일제히 내 쪽을 바라볼 것만 같았다. 뭐가 잘못됐는데? 왜 그러고 사는 건데? 그러고는 다시 기역자로 혹은 물음표나 마침표로 돌아가 각자 영화의 한 장면처럼 유유히 거리를 지나 사라질 것만 같았다.

세상은 연일 이런저런 일로 시끄러웠다가 언제 그랬냐는 듯 다시 잠잠해지곤 했다. 그사이 두 번의 짧은 연애가 아주 잠깐 나를 달뜨게도 했지만 그것도 금세 시들해지고 말았다. 내가 잘할 수 있는 건 과연 뭘까. 그게 정말이지 궁금했다.

언젠가 지인의 소개로 나를 면접 본 작은 출판사의 사장은 이런 내게 의지박약이라는 진단을 내리기도 했다.

도대체 면접을 어떻게 봤기에 그 양반이 그런 소리를 하냐?

묻는 말에 대답한 것밖엔 없는데.

뭐든 할 수 있다는 의지를 보였어야지.

뭐든?

그래 뭐가 됐든 무조건 한다는 그런 정신 말이야.

크크크.

왜 웃어 인마, 남은 심각한데.

네가 무슨 흥신소 사장 같아서.

뭐? 이게 아직도 정신을 못 차렸군. 세상은 말이야……

그렇다. 세상은 꼭 흥신소 같았다.

그러는 와중에도 그 사내는 늘 그 자리를 지키며 서 있었다. 건너편 은행에 볼일이 있어 갔다 나오는 길에 길 건너에 서 있는 그를 보고 문득 까마득해져서는 나 또한 그렇게 붙박인 듯 서 있기도 했다.

뭘 그렇게 보고 있어? 왜 갑자기 불심이 발동하기라도 했나?

화들짝 놀라 돌아보니 총무과장이 나와 조계사 쪽을 번갈아 바라보며 이죽거렸다.

내일은 조계사로 출근하면 되겠네. 키키키.

월급은 계속 여기서 줄 거죠?

신소리 그만하고 편집부 회식 언제 해? 술 당기는데. 키키키. 키키키. 키키키.

　　나는 그 사내가 마치 세상의 멱살이라도 되는 것처럼 그의 몸을 부여잡고 흔들며 묻고 싶어졌다. 어떻게 살면 되는 건데요, 대체 난 뭘 하면 되냐구요? 하지만 그는 자신의 멱살을 내게 내어준 채로 외려 나를 흔들어댈 것만 같았다. 그걸 몰라서 물어? 정말 모른다고 생각하는 건가. 알면서 모르는 척하는 게 아니고? 자네가 보다시피 나는 앞을 볼 수가 없어. 그러니 자네같이 멀쩡히 앞을 보는 인간들처럼 보이면서 안 보이는 척은 할 수가 없다구. 키키키. 키키키. 키키키.

　　그렇게 2년 반 정도를 보내고 나는 마침내 사표를 냈다. 내가 하고 싶은 걸 해보겠다고 용기를 낸 것이다. 그러고는 2년 가까이를 아무런 돈벌이도 하지 않고 오직 글만 썼다. 모두 두 편의 장편소설과 10여 편의 단편소설을 썼다. 여기저기에 응모해보았지만 결과는 신통치 않았다. 그 무렵 집안에 이런저런 안 좋은 일이 터지면서 나는 더 이상 미련을 두지 않고 깨끗하게 접었다. 후회는 없다. 내 유일한 장점은 내 한계를 누구보다도 잘 안다는 것이니까.

　　돌이켜보면 그 사내와의 만남이 아니었다면 나는 좀처럼 용기를 내지 못했을 것이다. 어쨌든 나는 이제 최소한 그 앞에서 당당할 수는 있겠지 싶은데 그가 그렇게 생각해줄는지는 의문이다. 키키키. 키키키. 키키키.

악마는 빈손으로 돌아가지 않는다

악마는 늘 두 번 찾아온다. 한 번은 시련을 주러, 또 한 번은 그 시련 값을 받으러.

시련을 겪을 때면 이건 악마의 저주가 분명해, 하고 탄식하지만 진짜 악마의 저주는 시련이 끝난 뒤에 시작되는 법. 어둡고 긴 시련의 터널을 지나 마침내 저 끝에 보이는 한 줄기 빛에 감격해할 때, 우리는 그 환한 빛에 가려진 채 회심의 미소를 짓고 있는 악마는 미처 보지 못한다.

그 순간 악마가 바라는 것은 단 한 가지. 자신이 뿌린 시련의 씨앗이 온전히 그 결실을 맺는 모습을 보는 것이다. 선민의식이라는 이름의 결실. 물론 그 결실은 씨앗에 이미 배태되어 있기 쉽다. 내게 닥친 시련에는 나를 단련시켜 크게 쓰려는 신의 뜻이 담겨 있다, 혹은 이 시련이 나를 한층 더 성숙시킬 것이다, 이런 믿음으로 우리는 시련을 견뎌낼 힘을 얻곤 하니까.

딜레마는, 시련을 견뎌내는 데 힘이 되었던 약이 시련이 끝나고 나서는 곧바로 독이 된다는 것. 비장감은 어느새 기고만장으로 바뀌고(둘은 사실 그 뿌리가 같다), 납덩이같이 무겁던 침묵은 새털처럼 가볍게 날리는 수다로 변한다. 그렇게 평생을 자신이 지나온 터널 얘기에 붙들려 살게 만드는 것, 그것이 우리가 악마에게 치르는 시련 값이다.

악마는 결코 빈손으로 돌아가지 않는다. 악마의 손에 우리의 영혼을 넘겨주지 않으려면, 터널 끝을 가득 채운 빛무리처럼 그렇게 한껏 부풀려진 시련의 의미를 고스란히 되돌려주어야 한다. 시련은 내가 겪어낸 것이 아니라, 그저 바람처럼 지나가버린 것이라고 여기면서.

지상의 한 점

하늘을 날고 싶어 하는 사람들은 왜 하나같이 높은 곳으로 올라가는 것일까. 심지어는 자신이 새라고 믿는 사람까지도 날기 위해 높은 곳을 찾는다. 건물 옥상이거나 산꼭대기거나. 새들은 땅위에서도 얼마든지 날아오를 수 있는데. 자신이 새라고 믿으면서도 굳이 그 높은 곳까지 오르는 이유는 뭘까. 혹시 그들은 날고 싶은 것이 아니라 추락하고 싶은 것이 아닐까. 더 높이 올라가야 더 깊이, 더 오래 떨어질 수 있으니까. 생각해보니 하늘로 치솟아 오르는 새는 없다. 다만 공중에 떠 있기 위해 잠시 도약하는 것일 뿐. 새들이 원하는 건 지상의 한 점을 향해 내리꽂히는 것이 아닌가. 그리하여 스스로 지상의 한 점이 되는 것. 새처럼 날고 싶은 건 따라서 지상의 한 점을 향해 내리꽂히고 싶은 것일 뿐. 지상의 한 점이 되고 싶은 것. 아, 추락이 필요하다.

2장

깜빡 잊었다

과연 얼마나 솔직해질 수 있을까?

1

솔직한 사람이 좋다. 솔직한 사람이 쓴 솔직한 글이라면 더할 나위 없다.

이렇게 써놓고 한참을 들여다본다. 이건 솔직한 글인가? 흠흠, 거리다가 일거리 놔두고 뭐 하는 거지 하며 공연히 옆에 놓인 교정지를 뒤적이기도 하고 커피를 한잔 타 마시기도 하다가, 급기야는 밖으로 나가 얼마간 골목을 서성거린 뒤 돌아와 다시 컴퓨터 앞에 앉는다. 지워버릴까. 또 한참을 생각한다. 그러고는 이렇게 고쳐 쓴다.

(내가 불편을 느끼지 않을 딱 그만큼만) 솔직한 사람이 좋다. (내가 불편을 느끼지 않을 만큼) 솔직한 사람이 쓴 (내가 불편을 느끼지 않을 딱 그만큼만) 솔직한 글이라면 더할 나위 없다.

좀 나아졌다.

2

어지간해서는 거짓을 행하지 않는 사람은 정직한 사람이다. 윤리적 기준에 따라 행동하고 말하는 사람. 말하자면 정직함이란, 밖에서 나를 바라보는 무수한 눈들을 당당히 마주보는 것이다. 반면 솔직함은 내 안에서 나를 빤히 바라보고 있는 단 하나의 눈과 마주하는 것이고. 이건 또 하나의 나인 경우도 있고 나조차도 정체를 알 수 없는 그저 시선 그 자체인 경우도 있다. 밖에서 나를 보는 무수한 눈들은 얼마든지 피할 수 있지만(눈 한번 질끈 감으면 그만이다), 내 안의 시선은 눈을 감는 순간 더 선명하게 보인다.

3

정직함이 길들여진 경주마라면 솔직함은 아직 길들여지지 않은 야생마다. 시인 오규원을 흉내 내자면 정직함이 '등기된' 윤리라면 솔직함은 '등기되지 않은' 윤리랄까.

4

정직함은 가르칠 수 있지만 솔직함은 가르칠 수 없다. 아이들에게 정직하라는 요구는 정당하지만, 솔직해질 수 없느냐는 요구는 가혹하다. 그건 네 안에서 너를 빤히 바라보고 있는 또 다른 너를 들여다보라는 얘기와 다르지 않으니까. 화들짝 놀라며 부랴부랴 아이의 입을 틀어막는 부모가 "애가 원래 좀 솔직해서요"라고 말하는 게 코미디가 될 수밖에 없는 이유다. 정직한 아이라는 표현은 가능해도 솔직한 아이라는 표현은 난센스니까.

5

정직함은 무기가 될 수 없어도 솔직함은 무기가 될 수 있다. "나는 너한테 솔직하게 다 말하는데 너는 왜 솔직하지 못한 거야!"라고 화를 낼 수는 있어도, 너는 왜 내게 정직하지 못한 거야, 라는 표현은 어쩐지 어색하다. 네 안에 있는 너까지, 그 길들여지지 않은 야수까지 통제하고 싶을 뿐만 아니라 충분히 제어하고도 남는다는 의사 표시이기 때문이다. 같은 맥락에서 "나한테만 솔직하게 얘기해"라고 말하지 "나한테만 정직하게 말해"라고는 하지 않는다. 누군가 한 사람에게만 보여줄 수 있는 건 솔직함이지 정직함이 아니니까.

6

"당신의 솔직한 심정을 듣고 싶어"란 말은 맥락에 따라서는 더없이 도발적인 말이 될 수도 있다. 그건 당신과 나 사이에 야수 한 마리가 날뛰는 걸 보고 싶다, 는 말이고 당신의 이성적 판단이나 취향 따위는 더 이상 관심 밖이니 차라리 시원하게 욕이나 하고 꺼져버리라는 의사 표시와도 같은 거니까.

7

사람들이 상대에게 그때그때 솔직할 것을 요구하는 것은 혹시 길들여지지 않은 채로 남아 있는 그 날것에 대한 두려움 때문은 아닐까. 이를테면 다음과 같은 원초적인 솔직함과 마주하고 싶지 않아서. "솔직히 말할까? 지금 당장 너를 죽여서 더 이상 내게 타자로 남아 있지 않도록 만들고 싶어. 온전히 내 것으로 만드는 거지."

8

과연 얼마나 솔직해질 수 있을까?

세 번이나 살아야 한다고?

도서관 벤치에 앉아 쉬고 있는데 뒤쪽에서 아이들이 얍! 얍! 하며 기합을 내지르는 소리가 들렸다. 뭔가 둔탁하게 부딪히는 소리까지 나는 걸 보니 아무래도 칼싸움을 하는 모양이었다.

공연히 내가 다 반가웠다. 요즘은 모두들 컴퓨터 게임을 하거나 학원에 모여 인생이 뭐 이러냐, 탄식을 내뱉거나 그것도 아니면 연예인 사이트로 몰려다니며 댓글놀이로 시간을 보내는 줄로만 알았는데, 기특하게도 칼싸움을 하며 놀다니.

뒤쪽의 교회 건물 구석에서 놀고 있는 모양인지 아이들의 모습은 보이지 않았지만 소리만은 제법 우렁찼다. 얍! 얍! 탁! 탁! 그러다가 갑자기 소리가 멈췄다. 다쳤나? 혼자 걱정하고 있는데 한 아이의 볼멘소리가 들려온다.

"뭐야, 너 죽은 거잖아!"
"아니야, 살짝 스쳤어."

"아까도 너 배에 정통으로 맞았는데 안 죽고 넘어갔잖아. 이런 게 어딨어?"

"그러는 넌 아까 뭐 안 맞았냐?"

"팔에 맞고 죽냐 그럼?"

그러더니 서로 신경전이라도 벌이는지 한동안 말이 없다. 이렇게 끝나나 싶었는데 볼멘소리를 내뱉던 녀석이 결국 타협안을 내놓았다.

"좋아, 그럼 세 번 죽으면 지는 걸로 해. 그러니까 넌 이제 한 번 남은 거야."

"그냥 지금부터 세 번이라고 해! 치사하게."

"알았어 그래. 대신 우기기 없기야."

"좋아, 덤벼!"

그러고는 다시 얍! 얍! 탁! 탁!

나는 속으로 피식 웃으며, 좋겠다 짜식들, 세 번이나 살 수 있고, 하고 중얼거리다가 나도 모르게 불에 덴 듯 화들짝 놀라고 말았다. 뭐? 세 번이나 살아야 한다고? 이 망할 놈의 인생을?

한여름 하동(夏童)들의 신나는 놀이를 망치고 싶은 생각은 없지만 그래도 나는 씁쓸했다. 나중에 저 아이들도 나이가 들면, 세 번의 기회란 건 단 한 번의 삶에 찾아와야 값진 것이지 삶 자체가 세 번 주어진다면 하나도 멋질 게 없다는 걸 깨닫게 되겠지 싶으니 더욱 그랬다. 세 번의 삶이라…… 섬뜩하다.

머릿속의 벽돌

이런 이야기는 어떨까.

　남몰래 국어 선생을 짝사랑하던 학생이 밤새 자신의 마음을 담은 편지를 써서 다음 날 아침 교무실 국어 선생의 책상 위에 가지런히 올려놓았다. 수업 시간에 국어 선생의 시선과 마주치지 않으려고 애쓰면서도, 한편으로는 그의 표정이며 몸짓을 마치 암호라도 되는 듯 이리저리 해독하느라 온몸이 뻣뻣해질 지경이었다. 점심도 먹지 못하고 하루 종일 시계만 쳐다보았다. 가타부타 대답을 듣지 못하면 영원히 하루가 끝나지 않을 것만 같았다.

　학생은 하굣길에 참지 못하고 교무실에 들렀다. 국어 선생의 자리는 비어 있었고, 책상 위에는 아침에 올려놓은 편지가 그대로 놓여 있었다. 두근거리는 가슴을 진정시키며 조심스레 다가가 편지를 살펴보니 편지는 빨간 펜으로 온통 분칠이 되어 있었다. 여기저기 줄이 그어졌고, 교정부호가 문장을 뒤덮었으며, 여백엔 이런저런 첨언이 가득했다.

국어 선생은 작가를 꿈꾸며 밤새 벽돌 같은 문장을 쌓았다 무너뜨렸다 하느라 언제나 몽롱한 상태였다. 그날 아침에도 그는 여전히 몽롱한 정신으로 학생의 편지를 발견하고, 습관처럼 널브러져 있는 벽돌들을 가지런히 모으고 쌓으려다가 그만 짜증이 솟고 말았다. 그제야 그는 자신이 온통 분칠을 한 문장이 자신의 것이 아니라는 걸 깨달았다. 이렇게 계속 밤을 지새우다가는 작가가 되기도 전에 미쳐버리고 말 거라고 중얼거리며 그는 수업을 하기 위해 교실로 갔다.

학생은 편지를 가방에 집어넣고 말없이 교무실을 빠져나왔다. 이틀을 결석했다. 방에서 나오지 않고 하루 종일 잠만 잤다. 울지도 않고 소리 지르지도 않았다. 담임이 전화를 했고 반장이 찾아왔다. 몸이 아프다고 말했다. 학생의 머릿속엔 국어 선생이 자신의 편지 여백에 써놓은 첨언이 벽돌처럼 딱딱하게 자리하고 있었다.

'요령부득인 문장으로는 감동은커녕 공감을 얻기도 힘들다.'

자신의 사랑이 받아들여지지 않았다는 것보다 요령부득의 문장으로 남았다는 게 참을 수 없을 만큼 슬펐다. 이틀 낮밤을 꼬박 매달려 문장을 다시 썼다. 밥 먹는 것도 잊고 잠도 자지 않았다. 사흘째 새벽 날이 밝을 무렵 학생은 마침내 처음 썼던 편지보다 열 배나 긴 편지를 완성했다.

닷새 만에 교복을 입고 학교에 갔다. 이번에도 교무실

국어 선생의 책상 위에 편지를 가지런히 올려놓았다. 수업 시간에 국어 선생과 눈이 마주치지 않으려고 애썼으나, 그의 표정이며 몸짓을 무슨 암호라도 되는 듯 해독하느라 온몸이 굳어질 필요는 없었다. 그의 표정은 더 이상 암호 같지 않았으니까. 종례 시간에 담임이 교무실에 들렀다 가라며 "국어 선생님이 왜 널 기다리시는 거냐?"라고 물었으나, 학생은 모르겠다고 덤덤히 말했다.

"지난번엔 선생님이 실수를 했더구나. 난 그냥……"

국어 선생은 여전히 잠을 못 자 푸석한 얼굴이었다. 충혈된 눈이 벽돌의 끄트머리처럼 보였다.

"네 마음이…… 아니, 네 글이…… 예쁘더구나. 이런 연애편지는 난생처음 받아보는 거라 어찌해야 할지……"

이번엔 푸석한 얼굴이 벌겋게 물들었다. 귀까지 빨개져 얼굴 전체가 말 그대로 검붉은 벽돌 같았다. 학생은 국어 선생의 눈을 똑바로 쳐다보며 말했다.

"선생님이 착각하신 것 같은데, 그건 제가 쓴 소설인데요. 거기에 나오는 '저'는 제가 아니구요, '선생님' 역시 선생님이 아니에요. 그저 제가 만든 화자고 인물일 뿐이죠. 저는 선생님이 소설을 쓰신다고 해서 제가 쓴 소설을 한번 봐달라고 드렸던 건데 뭔가 혼동하신 모양이네요."

목소리는 떨렸지만 제법 또박하게 말하고 학생은 국어 선생의 손에 들린 자신의 편지를 뺏어 들었다. 국어 선생의 호흡이 거칠어졌다. 손끝이 바르르 떨렸다. 표정이

지워진 얼굴로 그는 그대로 돌아서서 교무실을 나갔다. 마치 선생에게 불려와 심하게 야단을 맞고 돌아가는 학생 같았다. 정확히 닷새 전 자신이 그랬던 것처럼 힘없이 돌아서서 멀어져가는 선생의 뒷모습을 보며 학생은 눈물을 머금었다. 편지를 쥔 손이 바들바들 떨렸다.

국어 선생은 그날 밤 술에 취한 채 컴퓨터에 저장된 자신의 문장들을 모두 지웠다. 그러고는 오랜만에 깊은 잠에 빠져들었다. 그는 더 이상 소설을 쓰지도 않고 읽지도 않았다. 얼굴에 혈색이 돌아왔고 눈은 더 이상 충혈되지 않았다. 머릿속에서 벽돌이 빠져나간 것만 같았다.

한편 학생은 그날 밤 밤새도록 울었다. 더 이상 누군가를 사랑할 수 없게 되었음을 직감했다. 실연의 상처 때문이 아니라, 누군가를 사랑하는 것이 자신인지 아니면 자신이 만든 화자인지 구분할 수 없게 되었기 때문이다. 다음 날 아침 거울을 보니 얼굴이 눈에 띄게 푸석해졌고 눈이 빨갛게 충혈되었다. 눈을 깜빡일 때마다 머릿속의 벽돌이 선명하게 보였다.

집으로 가는 길

가까운 지인들과 송년 모임을 가졌다. 말이 송년 모임이지 요즘은 따로 세밑 분위기를 찾기도 어려우니 그저 오랜만에 얼굴 보는 자리나 다름없었다. 자정 무렵 자리가 파하고 나서 나는 버스 정류장을 향해 터덜터덜 걸었다. 택시를 잡기 위해 차도에 내려선 채 비틀거리는 몇몇 취객을 제외하면 거리는 의외로 한산해서 들뜬 마음으로 도심을 활보하거나 늦은 귀가를 재촉하느라 발을 동동 구르는 세밑 풍경과는 거리가 멀었다.

 그 차분한 풍경 안에서 버스를 기다리며 나는 문득 궁금해졌다. 이렇게 집으로 돌아가기를 이제까지 몇 차례나 반복했을까. 아마도 만 번은 더 했겠지. 만 번이라…… 물론 집에서 거리로 나선 것도 그만큼이겠다. 그러니까 나는 그동안 집에서 거리로 나섰다가 다시 집으로 돌아가기를 무수히 반복하면서, 집에 있거나 혹은 거리에 있거나 아니면 집과 거리 사이의 어디쯤을 서성였던 것이고, 내 삶의 대부분은 그렇게 집을 나섰다가 집으로 돌아가는 과정으로 채워진 셈이다. 그리고 다시 이렇게 집으로 돌아가기 위해 밤거리에 서 있다. 문제는 내가 집에 남다른 애착은커녕 돌아가 몸을 누일 공간 이상의 의미를 두지 않는 데다 거리로 나서는 것 또한 그리 좋아하지 않는다는 것.

 돌아보면 내게 집은 늘 어두웠고 거리는 필요 이상으로 밝았다. 하여 나는 집에선 불행한 척해야 했고, 거리에선 행복한 척해야 했다. 나는 그게 내게 주어진 삶에 적응하는 길이라고 믿었다. 실제로는 불행할 것도 행복할 것도 없었지만 말이다. 다만 불편하거나 그렇지 않은 차이가 있었을 뿐. 어머니 말에 따르면 아기였을 때도 어지간해선 잘 보채지도 않았다니 내게 그런 성향은 생래적이었던 모양이다. 우리가 세 들어 살던 방문을 열어보고 나서야 "어머, 이 집에 아기 있네" 하고 놀라는 이웃 아주머니들을 강아지 같은 표정으로 바라보곤 했다니까……

 특징이라곤 딱히 찾아볼 수 없어 선생들은 물론 동기들마저 "쟤가 우리 동긴가?" 하고 되묻게 만드는 학생이 바로 나였다. 이름과 관련된 별명 말고는 딱히 기억나는 별명도 없는 무섭도록 평범한 학생. 전혜린은 학창 시절 무슨 일이든 일어나게 해달라고 기도했다는데 나는 무슨 일이든 가능하면 일어나지 않게 해달라고 기도했더랬다. 그렇게 무사무사하게 시간이 가기만을 바랐다. 집에서는 거리로 나갈 때까지, 거리에 나가서는 집으로 돌아갈 때까지.

한 번쯤은 거리로 나가기를 포기하고 오랫동안
은거하거나 칩거할 수도 있었을 테고, 집으로 돌아가기를
거부하고 거리의 삶을 살 수도 있었을 텐데 나는 꼬박꼬박
거리로 나갔고 그리고 매번 집으로 돌아왔다. 한 번쯤은 집을
지나쳐 정처 없이 떠나가서는 그 무서운 원심력의 끝에까지
가볼 수도 있었을 텐데, 나는 좀처럼 그러지 못했다. 아마도
겁이 많아서였거나 그럴 필요를 못 느꼈기 때문이리라.
아니면 둘 다든가.

　　그럴 필요를 못 느낀 이유는 세상이 나를 직접 호명할
일이 그다지 많지 않았으니 굳이 집에 틀어박히지 않더라도
칩거나 다를 바 없는 데다 거리에서보다 외려 집에서 더
많은 일들이 벌어졌으니까. 그런가 하면 거리의 경우, 내게
풍경을 전해주는 것은 언제나 내가 읽는 문장들이었지 풍경
그 자체가 아니었으니 거리를 헤매고 돌아다닐 이유가
없었다. 가령 내가 지중해의 태양을 직접 본다 해도 "태양의
심벌즈"라는 카뮈의 표현을 수정할 수 있을 것 같지 않았다.

　　고등학교 수학여행 때가 기억난다. 경주로 갔는데
대절한 버스의 좌석보다 학생들 수가 많아 일부는 바닥에
주저앉아 관광지를 돌아다녀야 했다. 유명 관광지 앞에 멈출
때마다 학생들은 카메라를 들고 전력질주를 해서 사진을
찍고는 다시 전력질주로 버스로 돌아오곤 했다. 좌석을
지키기 위해서였다. 친구들 틈에 끼어 뛰다가 나는 내게
카메라가 없다는 걸 깨닫고 실소했다. 대체 나는 왜 뛰는

거야. 그렇다고 자리를 지키고 앉아 있고 싶지는 않았다. 그건 말하자면 반칙이니까. 대신 나는 어정쩡하게 걷다시피 하여 우르르 몰려갔다 몰려오는 친구들의 꼬리를 물었다. 그렇게 나는 그날 하루 종일 앞좌석에서 뒷좌석으로 밀렸다가 다시 바닥으로 내려앉기를 반복했다. 그날 내게 풍경은 관광지에 있지 않고 버스와 관광지 사이 그리고 버스 안에 있었다. 내겐 그런 게 풍경이었다.

집을 나갔다가 다시 돌아오는 걸 반복하는 모습도 아마 그 문제의 버스를 둘러싼 풍경과 그리 다르지 않으리라. 버스에 남아 있을 수도 없고 그렇다고 버스로 돌아오기를 거부할 수도 없는 딜레마. 게다가 그 중간의 어정쩡함. 하지만 내 기억 속에 아직도 선명하게 남아 있는 장면은 숙소로 돌아오는 버스 안에서 맞은 경주의 어스름, 버스 안과 밖의 구분을 무색하게 만드는 것은 물론 도저히 거부할 수 없는 힘으로 내 안으로까지 깊이 스며들며 내리던 그 어스름이다.

반복적으로 거리로 나갔다가 다시 집으로 돌아오는 과정을 되풀이하면서도 이 의미 없는 짓을 그만 때려치워야겠다고 작정할 수 없게 만드는 건, 마치 만나처럼 하늘에서 내려오는 그 어스름이 양식이 되기 때문은 아닌지. 언젠가 더 이상의 반복은 무의미하다고 느껴질 때면 나는 그 어스름이 내리는 곳을 집 삼아 터덜터덜 하염없이 걸어가고 싶다. 그거야말로 집으로 가는 길일 테니까.

달을 보았다

일에 지쳐 무거운 몸을 이끌고 돌아오는 새벽길, 문득 올려다본 감청색 하늘에 달이 떠 있다. 대보름달이라 유난히 밝고 둥그런 달.

아, 달이구나.

나는 하루 종일 글자를 들여다보느라 잔뜩 충혈이 된 눈으로 달을 보았다. 진짜 달이었다. 계수나무가 있고 토끼가 산다는 이야기 속의 달이 아니라 진짜 달, 지구 주위를 도는 위성으로서의 달. 그것은 마치 욱신욱신 쑤시는 내 눈처럼 동그랬다. 너무 동그래서 외려 달 같지 않아, 그저 비현실적으로만 느껴지는 달. 갑자기 내가 세상 모든 이야기의 바깥에 슬쩍 비켜서 있는 것만 같았다.

달이 비현실적으로 느껴진 이유는 너무 동그랬기 때문일까. 달의 본모습을 적나라하게 보여주는 저 선명한 원주(圓周). 우주를 생각하던 파스칼로 하여금, "모든 곳에 중심이 있으나 어디에도 원주는 없는 끔찍한 구체"라며 진저리치게 만들었던 그 원주. 비현실적으로 둥그런 달을 보니 이제 알겠다. 그 '끔찍함'이 어떤 성격의 끔찍함인지. 그 중심은 모든 곳, 모든 시간에 있으나 원주는 어디에도 없기는 삶도 마찬가지니까. 지금-여기, 내가 지나는 시간, 내가 거하는 곳이 언제나 내 삶의 중심이지만, 내 삶의 원주는 어디에도 보이지 않는다. 아니 어딘가에 테두리를 두르고 있겠지만, 나는 볼 수 없다.

그런데 지금 저 달이 그 원주를 선명하게 보여주고 있다. 정말이지 끔찍할 정도로 비현실적인 원주를. 나는 안경을 벗고 가만히 눈을 감았다.

나와 우리

부도덕한 짓을 저지른 적이 있다. 대학교 1학년 때 일이다. 과 동기 녀석의 학기말 시험 중 한 과목을 대신 쳐주었다. 해서는 안 될 짓인 줄 알면서도 녀석의 읍소에 등 떠밀리다시피 해서 부끄러운 짓을 저지르고 말았다. 1학년 1학기를 마치고 휴학을 했으니 당시 나는 휴학생 신분이었다.

신체검사를 받고 입대 영장을 기다리면서 허송세월하다가 등록금 걱정은 덜었으니 그저 용돈벌이나 하자 싶어 군고구마 장사를 시작할 무렵이었다. 평소에도 좀 껄렁해 보여서 그다지 친하게 지내지 않은 녀석이 내게 찾아와서 대리 시험을 부탁하는 것이었다. 나는 어처구니가 없었다. 말도 안 되는 부탁이기도 했지만 무엇보다 황당했던 것은 그런 부탁을 하필이면 내게 찾아와서 한다는 점이었다. 1학년 1학기 내내 수업에도 잘 들어가지 않아 성적도 말이 아니었지만 몇몇을 제외하고는 과 동기들과도 서먹한 사이였던지라, 휴학을 했다는 소식이 전해지자 그제야 "네가 아무개냐?" 하며 내게 말을 걸어오는 동기들도 있었다. 그런 내게 대리 시험을 부탁하다니, 제정신인가?

"그래서 네가 적임자라는 거야. 있는 듯 없는 듯 지낸데다 어차피 군대 갈 놈이잖아."

녀석은 처음부터 솔직하게 나왔다. 지난 학기에 학사 경고를 받았다. 이번 학기에도 사정이 나아지지 않는다면 부모님이 날 가만두지 않을 거다. 군대에 끌려갈 텐데, 난 그러고 싶지 않다. 계획이 있다. 일 년을 지내보니 도저히 나와는 맞지 않는 전공이라는 결론을 얻었다. 내년에 입시를 다시 볼 생각이다. 재수를 해서 휴학을 하면 바로 끌려간다. 일 년만 시간을 벌고 싶다. 도와다오. 교양국어인데 수업에도 잘 들어가지 않은데다 그쪽으론 영 취미가 없어 답안지를 메우기가 쉽지 않다. 교수가 답안지 한 면만 메우면 C학점은 준다고 했다. 그거면 된다. 넌 문학 동아리에 있었으니 그 정도는 어렵지 않을 거 아니냐.

그럴 수 없다고 해도 녀석은 막무가내였다. 매일 내가 장사하는 곳으로 출근하다시피 해서는 하교하는 학생들을 붙들고 언제부터 단군의 자손이 햄버거에 핫도그를 먹었느냐, 속죄하는 의미에서 오늘은 군고구마가 어떻겠느냐며 너스레를 떠는 바람에 내 얼굴이 다 화끈거릴 지경이었다. 게다가 골목에서 뛰어노는 꼬마 아이들에게까지 엄마한테 가서 군고구마 사달라고 조르라며 '호객 행위'를 하기도 했다. 나는 깨끗이 백기를 들고 말았다.

"강의실이 어디냐?"

녀석은 쾌재를 불렀지만, 나는 C학점도 장담할 수 없으며 그렇더라도 나를 원망할 생각은 하지 말라고 못을 박았다. 당시에 나는 군대에 다녀와서 학교로 돌아오지 않을 생각이었다. 그러니 녀석을 다시 볼 일도 없을 테고, 무엇보다 학교는 나보다 녀석에게 더 의미가 있어 보였다. 그런데 문제는 강의실에서 벌어졌다.

평소에 출석도 부르지 않는 교수이니 학생증 검사라는 게 있는지도 모를 거라고 큰소리치던 녀석의 말과 달리 교수가 학생증 검사를 하겠다고 나선 것이다. 나는 속으로 녀석에게 저주를 퍼부어주었다.

"자넨 왜 학생증을 내놓지 않은 거지?"

"깜빡 잊고 안 가져왔습니다."

"그럼 주민등록증이라도 내놔."

"지갑을 두고 와서요……"

교수가 요놈 봐라, 하는 표정으로 나를 빤히 쳐다보았다.

"그럼 자네가 아무개라는 걸 어떻게 증명할 텐가?"

"글쎄요, 저도 어떻게 해야 할지 난감하네요. 그런 걸 한 번도 증명해본 적이 없어서……"

이번엔 제법인 걸, 하는 표정이었다. 한참을 내 얼굴을 뜯어 먹을 듯 쏘아보던 교수가 돌연 회심의 미소를 지으며 나로서는 거부할 수 없는 제안을 던졌다.

"그럼 좋네. 만약 이 강의실에 시험을 보러 온 학생들

중에서 자네가 아무개라는 걸 증명해줄 학생이 열 명
이상이면 시험을 보게 해주지. 단 그렇지 않을 경우 자네는
시험을 볼 수 없을 뿐만 아니라 경우에 따라서는 학칙에
정해진 처벌을 받게 될 거야. 어떤가?"

 내게 선택권이 없다는 걸 뻔히 알고 하는 제안인데
무슨 할 말이 있겠는가. 나는 평소에 학생수첩이라도 제대로
들여다볼 걸 하고 후회하고 있었다. 이럴 때 어떤 처벌을 받게
되는지 금방 머릿속에 떠오르지 않아서였다. 나는 걱정될
게 없었지만 녀석에게는 큰일이겠다 싶었다. 강의실 안을
둘러보니 학생들은 머릿속에 담아온 내용을 정리하느라 맨
뒤에 앉은 내 쪽으로는 얼굴도 돌리지 않고 있었다. 게다가
나는 과 동기들과도 서먹한 사이였으니 타 과생들이야
오죽했겠는가.

 깨끗이 포기하고 교수에게 사정을 설명하는 게 낫겠다
싶어 막 자리에서 일어서려는 순간, 맨 앞에 앉은 여학생이
뒤도 돌아보지 않고 천천히 손을 들어 올렸다. 그러자 그 옆에
앉은 남학생이 연이어 손을 들었고 그 옆 그 뒤 그리고 또
그 뒤, 순식간에 마치 시위 현장의 깃발처럼 학생들의 팔이
강의실을 가득 메웠다.

 아마도 그들은 나를, 아니 내가 대신한 정체 모를 어떤
학생을 '우리'라고 생각했던 모양이다. 당시에는 수업에 잘
들어오지 않는 학생은 불량한 학생 아니면 학생운동에 열심인
학생으로 여겼던지라 내겐 후자의 경우가 적용된 셈이었다.

스무 살 무렵 내게 '우리'라는 단어는 내가 알고 있는 말 중 가장 죄스럽고 부끄러운 말이었다.

안과 밖

오래전 혼자 습작용으로 이것저것 끼적거릴 때 이런 문장을 쓴 적이 있다. 상상력을 발동한 것이 아니라, 실제로 어느 화창한 봄날 3호선 전철을 타고 오가면서 보고 들은 걸 그대로 적은 것이었다. 일없이 오후를 보내던 때였다. 태풍이 불기 전 아주 짧은 순간 누군가 싹 닦아놓은 것만 같은 맑은 하늘에 구름조차 미동도 하지 않는 고요한 시간이 마치 선물처럼 주어지듯, 그때가 내게는 그런 시간이었다. 봄날 오후에 혼자 일없이 전철을 타고 다니며 사람 구경을 하던 때가 있었다, 내게도……

"밥을 사먹기 위해 집 근처 식당으로 갔다. 하지만 식당 앞에서 갑자기 생각이 바뀌어 마을버스에 올라타고 곧장 전철역까지 나갔다. 뚜렷한 목적지도 정하지 않은 채 전철에 몸을 싣고 하염없이 달렸다. 양쪽의 출입문이 교대로 열렸다 닫혔고 승객들이 여러 차례 바뀌었다. 환승역에서는 사람들이

썰물처럼 쓸려나갔다가 다시 밀물처럼 밀려 들어왔다. 모두들 보조 출연자들처럼 시종 굳은 표정으로 정면을 응시했다. 나는 손걸이 옆자리를 차지하고 앉아 잠깐 졸았다. 그리고 잠시 후 누군가 시끄럽게 떠드는 소리에 깼다. 전철 안에서 잡상인이 물건을 팔고 있었다. 여자였는데 매우 능숙한 솜씨로 상품의 다양한 기능과 장점들을 열거하며 끈질기게 승객들을 설득하고 있었다. 그가 팔고 있는 건 승용차용 햇빛 가리개였다. 부착과 탈착이 용이하며 좌우 이동 또한 가능하고 무엇보다 안에서는 밖이 잘 보이지만 밖에서는 차 안이 전혀 들여다보이지 않도록 특수 제작된 히트 상품이라며 자랑을 늘어놓았다.

'짧은 치마를 입고 운전할 때마다 불쾌한 일을 겪곤 하는 여성분들에게는 반드시 필요한 상품이죠.'

그는 자신만만해했지만 남자 승객 하나가 관심을 보였을 뿐 나머지는 모두 냉담했다. 그러자 그는 재빨리 다음 칸으로 건너가버렸다.

전철이 철교를 지나는 소리가 요란하게 들렸고 차창 밖으로 강물이 훤히 내다보였다. 강물은 느린 속도로 서쪽을 향해 움직였으며, 철교의 교각들은 놀란 얼굴을 하고 뒤쪽으로 황급히 물러섰다. 전철이 다리를 건너자마자 나는 바로 하차하여 곧장 계단을 올라 건너편 승강장으로 내려갔다. 잠시 후 반대편으로 가는 전철이 도착했을 때 나는 망설이지 않고 올라탔다. 다시 다리를 건넜다.

철로의 교각들이 다시 한 번 놀란 얼굴을 하고 차창 밖에 나타났다가는 황급히 물러갔고, 강물은 여전히 느릿느릿 움직였다. 양쪽의 출입문이 교대로 열렸다 닫혔으며 승객들이 다시 바뀌었다.

잡상인이 또 나타났는데 이번엔 남자였다. 그는 매우 솔직하게 경험이 전혀 없노라고 몹시 어눌한 말투로 털어놓아 승객들의 관심을 모으는 데 성공했다. 더듬거리며 그가 설명한 상품은 아까 그 여자가 팔던 것과 똑같은 햇빛 가리개였다. 하지만 처음 말문을 열었을 때와 달리 그의 어눌한 말투가 결국 승객들을 짜증스럽게 만들고 말았다. 그의 얼굴이 차츰 붉어지면서 목소리가 떨려나왔다. 아무도 그의 말을 듣고 있지 않았다. 게다가 환승역을 지나면서 승객들이 쏟아져 들어와 전철 안은 갑자기 시장 바닥처럼 소란스러워졌다. 만회를 해볼 작정이었는지 마지막에 그는 제법 큰 소리로 용기를 내어 소리쳤다.

'무엇보다도 이 햇빛 가리개의 가장 큰 특징은 햇빛을 차단해주는 것은 물론 부착시 차 안에서는 밖이 보이지 않지만 밖에서는 안이 잘 보이도록 특수 제작되었다는 점입니다.'

하마터면 소리를 지를 뻔했다. 웃음을 참기가 힘들었다. 왜냐하면 아무도 이렇다 할 반응을 보이지 않는데도 그는 그 문장을 고집스럽게 반복해서 외치고 있었기 때문이었다. 하지만 웃음을 참느라 애쓰는 건 나뿐이라는 사실을 깨닫고 나는 곧 머쓱해졌다.

　전철에서 내리면서야 나는 그 많은 승객들 중 왜 유독 나 혼자만이 그의 실수를 눈치챌 수 있었는지 깨달았다. 여자의 말과 남자의 말을 비교해볼 수 있었던 건 나 혼자뿐이었던 것이다."

　남자에게 안과 밖은 무엇이었을까. 그 순간 그는 자신이 팔아야 하는 상품이 햇빛 가리개가 아니라 자기 자신이라는 걸 깨달았던 것은 아닐까. 밖에서는 안이 훤히 들여다보이지만 안에서는 밖이 보이지 않는 건 바로 그가 처한 상황이었을 테니까. 아마도 실직을 했거나 사업에 실패한 뒤에 생계를 유지할 마땅한 방법이 없어 불법인 줄 뻔히 알면서도 물건을 받아 전철을 탔으리라. 여러 사람 앞에서 목소리를 높여 무언가를 팔아야만 한다는 부담감에 내내 쭈뼛거리던 그가 마침내 용기를 낸 그 순간, 그는 안과 밖이 뒤집히고 만 것은 아닐까.

　하지만 대부분의 순간들이 그렇듯 그 순간 또한 오래 지속되지 않는다. 안과 밖이 뒤집힌 것만 같은 봄날의 짓궂은 날씨가 오래 지속되지 않듯이……

우체국에서

초등학교 3학년 때, 난생처음 우체국을 구경했다. 엄밀히 말하면 구경을 간 건 아니었다. 급우들과 함께 견학 형식으로 찾은 것이었으니까. 대여섯 명씩 짝을 지어 관내 관공서를 견학하는 일종의 방과 후 프로그램이었는데, 내가 속한 조가 우체국에 가게 된 것이다. 인솔 교사가 따로 있는 것도 아니었고 사전에 연락이 되어 해당 관공서에서 일일이 안내를 해준 것도 아니었으니 견학이라고 할 수도 없었다. 형식만 견학이었달 뿐 꼬마들 대여섯 명이 하드나 쫀드기 같은 걸 하나씩 입에 물고 우체국이며 은행이며 소방서를 말 그대로 '구경'하러 간 것에 불과했다.

    오후의 햇살이 손님인 듯 한쪽 자리를 차지하고 앉은 빨간색 건물과, 같은 옷을 입고 무표정한 얼굴로 일하는 직원들, 그리고 담배를 피우며 소포를 포장하는 사람들 정도가 열 살의 어느 봄날 오후 내가 처음 맞닥뜨린 우체국의 모습이었다.

다음 날 수업 시간에 선생님은 아이들을 하나씩 교단으로 불러 전날 보고 들은 것을 급우들 앞에서 발표하게 했다. 아이들은 선생님이 원하는 모범 답안이 무엇인지 잘 알고 있었다. 지금처럼 인터넷이 있던 때도 아니었으니 아마도 백과사전이나 전과에 나온 내용을 적어 오거나 암기해 왔을 것이다. 우리 조에 속했던 아이들은 우체국이 뭘 하는 곳이며 우리에게 어떤 편리함을 제공해주는지 또 우체국에서 일하는 분들이 얼마나 고마운 분들인지 막힘없이 설명을 해 선생님의 칭찬을 받았다. 그러나 내 차례가 되어 교단 위에 섰을 때 나는 뭐라고 말해야 좋을지 몰라 막막했다.

"어, 저, 그게……"

나는 얼굴을 붉히며 끝내 제대로 된 문장을 말하지 못했다.

그날 선생님이 나를 꾸짖었다면, 그러니까 과제를 성실히 해오지 못했다든가 백과사전이나 전과를 미리 보고 오지 않았다고 야단을 쳤다면, 아마도 나는 시무룩해지긴 했을 테지만 최소한 혼란스럽지는 않았을 것이다. 그런데 그날 선생님은 내게 이렇게 물었다.

"네가 어제 보고 온 걸 친구들 앞에서 얘기하는 게 그렇게 힘들어?"

그 순간 나는 혼란에 빠졌다. 내가 어제 본 것이라고? 그럼 지금까지 아이들은 자기가 본 것에 대해 말했단 말인가? 그걸 보고 알 수 있다고? 그게 어떻게 가능하단 말인가?

지금 생각해보면 당시에 내가 혼란을 겪은 이유는 내가 왜 혼란을 겪어야 하는지 정확히 알 수 없었기 때문이었던 것 같다. 그러나 지금은 알 것도 같다. 내가 혼란을 겪은 이유는 우체국을 처음 본 사람은 우체국이 뭘 하는 곳이고 왜 필요한지 알 수 없기 때문이다. 우체국이 뭘 하는 곳이고 왜 필요한지 잘 아는 사람은 우체국을 이용하는 사람이다. 그런데 그 순서가 문제다. 우체국을 찾은 뒤에 우체국을 이용할 수 있는 게 아니라, 우체국을 이용하는 이유와 방법을 알고 난 뒤에야 비로소 우체국을 찾을 수 있기 때문이다. 더 과장하자면 우체국은 그 기능이 정해진 뒤에야 생길 수 있는 것이지 생기고 난 다음에 그 기능이 정해지는 것이 아니다. 그것은 은행이나 소방서, 경찰서 모두 마찬가지다.

따라서 그날 나는 아니, 우리 모두는 우체국이 뭘 하는 곳인지 왜 필요한 것인지 알 수 없었노라고 말했어야 한다. 아이들이 교단 위에서 해야 할 말은 이상하게 생긴 빨간 건물에 마치 손님인 듯 자리를 차지하고 앉은 햇빛과 똑같은 옷을 입고 무표정한 얼굴로 뭔가 서류 같은 걸 내려다보고 있는 직원들 그리고 담배를 피우면서 소포 꾸러미를 포장하고 있는 사람들에 대해서지 다른 것이어서는 안 된다. 다른 것일 수 없다. 다른 것이라면 그것은 모두 헛것이다. 세상에 존재하지 않는 것.

초등학교 6학년 무렵이었던가. 나는 다시 우체국에 갔다.

이번엔 그냥 놀러 간 것이다. 그사이 집은 두 번이나 이사를 했고 당연히 학교도 옮겼다. 새로운 친구를 사귀었는데 이 친구들이 방과 후에 시내를 쏘다니는 걸 즐겼던지라 나도 덩달아 그 모험(?)에 끼게 되었다. 시내 중심가에 위치한 우체국은 내가 예전에 보았던 우체국과는 규모가 달랐다. 햇빛마저도 어디에 머물러야 좋을지 몰라 우왕좌왕할 만큼 컸다.

우리는 각종 서식들이 진열되어 있는 중앙의 탁자 위로 거의 기어오르다시피 해서 유리 아래 놓인 견본을 구경했다.

"홍길동이 누구지?"

"이 우체국 주인 이름 아닐까?"

"아들 이름일 거야."

"그럼 딸은?"

"없나보지 뭐."

"가자."

싱겁게 내려오는데 탁자 위의 유리가 그만 우리와 함께 딸려 내려오고 말았다. 와장창 하고 유리 깨지는 소리가 총소리처럼 들렸다. 그 소리는 우체국 안의 모든 소리를 한 순간에 삼켜버려, 모든 시선이 마치 총구처럼 우리를 겨누게 만들었다. 잠깐의 적막이 흐른 뒤에 정신을 차려보니 친구들은 이미 도망치고 없었다.

청원경찰이 달려왔고 창구 너머에 있던 직원 한 명이 내게서 시선을 거두지 않은 채 천천히 내 쪽으로 다가왔다.

그들이 무슨 소리를 했는지 기억에 없다. 한 발짝도 움직이지 않았다. 아니 움직이지 못했다고 해야 맞을 것이다. 내 의식을 깨운 건 어떤 혼란스러움 때문이었는데, 청원경찰이 내게 이렇게 물었던 것이다.

"넌 왜 도망치지 않았냐?"

왜 도망치지 않았느냐고? 나는 혼란스러웠다. 그런 질문이 가능한가? 왜, 라는 물음을 던져야 할 대상은 내가 아니라 도망친 친구들 아닌가?

지금 생각해보면 당시에 내가 혼란을 겪은 이유는 내가 왜 혼란을 겪어야 하는지 정확히 알 수 없었기 때문이었던 것 같다. 지금은 알 것도 같다. 말하자면 그것은 김영하의 어느 소설에 나오는 다음과 같은 대사가 주는 혼란과 비슷한 것이다.

"왜 죽였어?"

"제가 안 죽였습니다."

"네가 죽였잖아. 왜 죽였어?"

"글쎄 제가 안 죽였다니까요."

"그러니까, 왜 죽였냐고?"

"아, 정말 제가 안 죽였다니까 왜 이러시는 거예요 대체!"

"그래? 그럼 왜 안 죽였어?"

"예?"

대충 이런 대사였다고 기억한다. 살인을 감행한 자에게 왜 죽였느냐고 묻는 것은 살인의 동기를 찾기 위한 것이지 살인에 대해 정의를 내리기 위한 것이 아니다. '살인(殺人)'에 대해 정확히 알려면 오히려 왜 죽이지 않는지를 물어야 한다. 당신들은 왜 죽이지 않는가. 저렇게 누군가를 죽인다는 것이 현실에서 엄연히 가능한 행위임에도 불구하고 왜 당신들은 죽일 만큼 미운 바로 그 사람을 그대로 살려두는가. 살인이라는 행위 자체가 아니라 금기로서의 살인을 알고 싶다면, 이미 살인을 감행한 사람이 아니라 매번 그 임계점까지 달려가면서도 결코 살인을 저지르지 않는 사람들에게 왜? 라고 물어야 한다.

마찬가지로 '도망(逃亡)'에 대해 정확히 알려면 이미 도망간 사람이 아니라, 도망가지 않고 남은 사람에게 왜 도망가지 않았느냐고 물어야 한다. 따라서 그날 그 청원경찰은 내게 제대로 물은 것이다. 지금이라면 나는 아마도 이렇게 대답하지 않을까. 소리가 내 발목을 잡았노라고. 그리고 그 소리가 몰고 온 무수한 시선들이 내 발목을 꽉 잡고 있었노라고.

악마가 말했다, 내가 아니라

세상에 악마 같은 건 없다고 믿었다. 내 친구 얘기다, 내가 아니라.

그 친구에 따르면 악마란 단지 나약해진 마음이 만들어낸 환영에 불과하다는 것이었다. 그는 자신이 사는 도시 곳곳을 돌아다니며 악마는 헛것이라는 신념을 전파했다. 아침부터 저녁까지 구두굽이 닳도록 뛰어다니며 악마가 깃들지 않도록 나약해진 마음을 다잡아야 한다고 역설했다. 사람들은 그에게 박수를 보냈다. 더러는 음료수를 건네기도 하고 교통카드를 선뜻 내주는 사람도 있었다. 더 많은 곳을 돌아다니며 세상을 밝게 만들어달라는 당부의 표시였다. 물론 나는, 구두굽 한번 갈아준 적 없다.

여느 날과 마찬가지로 땀으로 가득 찬 신발을 끌고 집에 돌아온 그는 자신의 침실에서 누군가와 맞닥뜨렸다. 악마였다, 내가 아니라. 악마는 그의 침대 위에 걸터앉은 채 그를 노려보고 있었다.

"내가 헛것이라고 떠들고 다닌다지?"

처음에 그는 자신의 눈을 의심했다. 아니야, 그럴 리 없어. 악마는 존재하지 않는다고. 뭔가 잘못된 거야. 늘 무언가는 잘못되고 있으니까. 세상 말이다, 내가 아니라.

"실망시켜서 미안한걸. 하지만 사과는 하지 않겠어. 사과를 받아야 할 쪽은 오히려 나니까 말이야."

"대체 정체가 뭐야? 왜 남의 침실에 들어와 있는 거지?"

"생각보다 머리가 나쁘군. 아직도 상황 파악이 안 되나?"

악마는 딱하다는 듯 혀를 찼다.

"넌 악마가 아니야. 나를 음해할 생각인 모양인데, 누구지? 너를 여기로 보낸 자가?"

그는 자신의 신념을 굽히지 않았다. 눈앞에 보이는 것이 무엇이건 그건 악마와는 상관이 없는 것이었다. 아니, 그래야만 했다. 그의 생각이었다, 내가 아니라.

"간단한 일을 복잡하게 만드는군. 자네 같은 친구들은 늘 그게 문제지."

악마는 세상에서 오직 단 한 사람, 즉 이 침실의 주인만이 알고 있는 영상을 커튼에 비추었다. 추악하기 그지없는 내용들이었다. 물론 모두 그의 상상 속에서 벌어진 일들이었다. 그 영상 속엔, 세상에, 나도 들어 있었다. 이런 죽일 놈! 내 친구 말이다, 내가 아니라.

"어때? 이젠 순순히 죗값을 치를 텐가?"

"악마 같은 놈."

그는 주먹을 쥔 채로 악마를 노려보며 부들부들 몸을 떨었다. 악마는 따분한 표정이었다.

"이제야 인정하는군. 그럼 일시불로 할까, 아니면 할부로 할까? 10년까지 가능한데……"

"지금 날 놀리는 건가?"

"난 그렇게 한가한 사람, 아니 악마가 아닌데…… 오늘 밤 안에 혼내줘야 할 녀석이 다섯이나 되거든. 그러니 빨리빨리 하자고. 일시불로 하겠다면 오늘 자네 목숨을 가져가고, 할부로 하겠다면 일주일마다 나를 찾아와서 자네가 어떤 인간인지 확인만 받으면 돼. 오늘처럼 말이야. 단 약속을 지키지 않으면 일주일간 잠자긴 어려울 거야."

그의 눈동자가 아주 잠깐 흔들렸다. 악마는 그 순간을 놓치지 않았다. 왜냐하면, 악마니까.

"할부로 해야겠군. 여기 사인해. 혹시 영수증 필요한가? 요즘은 뻔뻔스러운 놈들이 하도 많아서…… 아, 펜은 자네 걸 쓰게."

그가 가방을 뒤져 펜을 찾은 뒤 고개를 들어 보니 악마는 온데간데없었다.

그날 밤 그는 잠들 수 없었다. 뜬눈으로 밤을 새우고 아침이 밝아올 무렵 그는 자신이 곤경에 처했음을 알았다. 어디 가서 악마를 찾는단 말인가. 그것도 일주일에 한 번씩.

다음 날 하루 종일 집 안에 틀어박혀 고민에 고민을 거듭한 끝에 그는 다시 땀에 전 구두를 신고 도시로 나갔다.

그러고는 전과 같이 세상에 악마 같은 건 없으며 단지 나약해진 마음이 만들어낸 헛것에 불과하다고 목청을 높였다. 어찌 된 일인지 악마를 만나고 나서 그의 신념은 오히려 더 단단해진 것처럼 보였다. 마치 호두알처럼, 내가 아니라. 게다가 그는 예전과 달리 말쑥한 정장 차림에 구두도 새것을 장만해서 먼지가 앉지 않도록 깨끗이 닦아 신었다. 무슨 영업사원 같았다.

    정확히 일주일 뒤 여느 날과 마찬가지로 밤늦게 집으로 돌아온 그를 맞은 건, 악마였다, 내가 아니라. 일주일 전과 마찬가지로 악마는 그의 침대 위에 걸터앉아 그를 노려보았다.

    "생각했던 것만큼…… 바보는 아니군."

    악마가 말했다. 그가, 처음으로, 악마를 보고, 웃었다.

깜빡 잊었다

동네에 세탁소가 새로 생겼다. 반경 50미터 안에 내가 알고 있는 세탁소만 다섯 개가 넘는데 제 살 깎아먹기도 아니고 웬 무모한 짓인가 싶었지만, 오가며 보니 다른 세탁소들과는 분위기가 사뭇 달랐다. 상호부터가 그랬다.

조이너스 명품 크리닝.

대성이니 현대처럼, 개성을 드러내거나 홍보를 위한 것이 아니라 순전히 사업자 등록을 위해 만들어진 듯한 그런 흔해빠진 이름이 아니었다. 명품이라. 이름에서부터 어쩐지 내가 가진 허접한 옷가지들은 받아주지도 않을 것 같은 '포스'가 느껴진다고나 할까. 게다가 일반 세탁소와 달리 체인점 분위기가 물씬 풍기는 깔끔한 외관을 뽐내고 있었다.

세탁소에 갈 일이 흔치 않은지라 오가며 그저 눈길만 주었더랬는데, 겨울 내내 입고는 그대로 걸어놓은 코트를 뒤늦게 발견하고는, 마침내 지난주에 드라이를 맡기기 위해 코트를 들고 바로 그 '명품 세탁소'를 찾았다.

안에 들어서니, 특이하게도 카운터가 있었다. 작업장과 손님을 맞는 공간이 거의 분리되어 있지 않은 여느 세탁소와 달리, 이 집은 카운터가 두 공간을 분명하게 가르고 있었다. 카운터 앞에는 손님이 앉아 기다릴 수 있도록 한쪽 벽으로 긴 의자를 놓았고, 카운터 위엔 모니터 한 대가 공중에 고정된 채로 걸려 있었다. 이쪽에선 화면이 보이지 않아 공연히 신비감을 더하는 모니터였다. 안쪽으론 왠지 최첨단으로 보이는 기계들과 함께 세탁이 끝난 옷가지들이 줄줄이 걸린 게 보였다. 오래도록 찾아가지 않아 처치 곤란해진 짐이 아니라 편집매장에 체계적으로 걸린 상품 같았다. 정확한 날짜에 주인에게 전달되기를 기다리는 옷들.

내 코트도 저렇게 걸리겠군.

나는 혼자 생각했다.

명품이란 말이지.

그런가 하면 카운터 위쪽 벽엔, 1백 년쯤 된 듯한 종이에 손으로 휘갈겨 쓴 것 같은 정산표 대신 자세한 세탁 공정과 가격 비교표가 친절한 설명과 함께 인쇄되어 걸렸고, 의자 위쪽 벽으론 신문이며 방송에 소개된 내용이 스크랩되어 붙어 있었다. 주인아저씨는 후덕해 보이는 인상이었지만 연신 모니터를 올려다보며 자판을 두드리고 있어, 다림질이나 수선을 하기보다 하루 종일 그렇게 모니터를 들여다보며 자판만 두드릴 것처럼 보였다.

요금은 선불이고 토요일 7시에 찾아가라고 했다.

내일이나 모레쯤 오세요도 아니고 토요일 7시까지 오라니.
음, 이런 걸 시스템의 승리라고 해야 하나. 나는 격에 맞지
않은 옷을 맡긴 것 같아 미안한 마음이 들기까지 했다.
그러겠노라고 답하고는 군말 없이 요금을 지불한 뒤 세탁소를
나왔다.

토요일 7시에 나는 옷을 찾으러 가지 못했다. 깜빡 잊은
것이다. 월요일 점심 무렵에야 문득 생각이 나 부랴부랴
세탁소로 달려갔다. 주인아저씨는 옷가지 사이를 헤집기 전에
예의 그 모니터를 들여다보며 뭔가를 한참 확인했다. 갑자기
내가 매우 합리적인 시스템에 치명적인 균열을 초래한 버그가
된 것만 같았다. 나는 솔직하게 고백했다. 깜빡 잊고 약속된
날짜를 넘겼노라고.

"아, 그러시군요."

주인은 모니터를 한 번 더 확인하고 나서 정렬되어 있는
옷가지 사이를 돌아 안쪽으로 들어갔다가는 다시 모니터
앞으로 돌아왔다. 내 실수 때문에 생긴 오차를 조정하고 이제
클릭만 하면 안쪽 어딘가에 걸린 내 겨울 코트가 위이잉
소리를 내며 카운터 앞으로 이동해 올 것만 같았다. 짜잔.
긴장되는 순간이었다.

그런데…… 내 코트는 어디에도 보이지 않았다.
주인아저씨는 안쪽의 옷가지 사이를 돌아다니다가 다시
모니터 앞으로 돌아오기를 반복하고 있었다. 한참을 그렇게
아무런 설명도 없이 모니터와 옷가지 사이를 왔다 갔다

하더니, 급기야는 나보다 더 주눅이 든 표정으로 나를 쳐다보았다.

"저, 손님, 죄송한데요, 제가 옷을 어디에 걸어두었는지 깜빡 잊었네요. 이따 저녁때 다시 오시면 그때까지 꼭 찾아놓겠습니다. 죄송합니다."

나는 미간을 좁히며 인상을 썼는데, 불쾌해서가 아니라 깜빡 잊었다는 말의 의미를 헤아릴 시간이 필요했기 때문이었다.

깜빡 잊었다? 잊었단 말이지……

그렇군. 깜빡 잊을 수 있다는 걸, 깜빡 잊고 있었군.

내 안의 시스템이든 내 밖의 시스템이든 시스템을 명쾌하게 분석해낼 지적 능력이 내게 있을 리 없고, 마음에 들지 않는다고 뒤집어엎을, 말 그대로 전복적 상상력 또한 내 몫이 아니다. 게다가 뒤집어엎어봐야 그 자리엔 또 다른 시스템이 세워질 게 뻔하잖은가. 그리고 무엇보다 그럴 만한 그릇이 못 된다, 나란 인간은. 딱 간장 종지만 하니까.

하지만 깜빡 잊을 순 있다. 간장 종지에 어울릴 만한 소심한 반항이랄까. 물론 그래서 얻는 거라곤, 언제든 깜빡 잊을 수 있다는 걸 잊지 않게 되었다는 것뿐이지만. 하지만 그건 역설적이게도, 나 같은 간장 종지 따위는 상상도 할 수 없을 만큼 거대한 시스템은 엄두조차 못 낼 일이다.

그래도 겨울 코트는 아직 내 곁에 남아 있다. 그날

저녁에 찾아왔으니까. 오랫동안 나와 함께 여러 번의 겨울을 난 코트다. 코트를 건네며 쑥스러운 듯 웃는 주인아저씨의 얼굴이 그제야 세탁소 주인처럼 보였다면 과장이겠지.
습관처럼 반복되지만 않는다면 깜빡 잊는 것도 나쁘지는 않겠다.

기억의 집

기억은 우리 몸 어딘가에 집을 짓고 산다. 더러는 그곳이 척추 어딘가 깊숙한 곳이어서 면역력이 떨어질 때마다 기억이란 놈이 몸을 뒤채서는 등골을 서늘하게 만들기도 하고, 더러는 손톱이나 발톱, 혹은 머리카락이어서 그것들을 깎거나 자를 때마다 기억 또한 조금씩 혹은 뭉텅이로 잘려 나가기도 한다. 또 더러는 가슴 언저리에 자리하여 그곳이 아릴 때마다 한 방울씩 눈물샘을 채워서는 소리도 없이 흘러넘치기도 하고, 더러는 발바닥이나 겨드랑으로 옮겨가 제 숙주를 실없이 웃게 만들기도 한다.

하지만 정작 가장 지독한 기억은 아무런 기미나 흔적도 드러내지 않은 채 우리가 먹는 밥을 나누어 먹으며 목숨이 다할 때까지 묵묵히 우리와 함께하는 녀석이다. 그리고 그 녀석이 거처로 삼는 곳은 대개 엉뚱한 곳이기 쉽다. 가령 내 경우처럼 왼쪽 종아리가 되기도 하니까. 지금은 흔적조차 남아 있지 않지만, 셰퍼드에게 물린 기억이 수십 년째

서식하는 곳. 내 몸에 집을 짓고 사는 기억들 중 가장 오래된 녀석이, 단 한 번도 몸을 뒤채거나 잘려나가거나 흘러넘치지 않고 마치 문신처럼 붙박여 있는 곳이다.

내 기억 속 셰퍼드는 제 주인을 지키기 위해 여섯 살의 나를 물었고, 그 대가로 개장수에게 팔려갔다. 셰퍼드의 주인은 열여덟 혹은 열아홉 살쯤 된 여자로 어릴 때 앓은 소아마비 때문에 두 다리를 아예 쓰지 못해 늘 가게방에 앉아서 성경책을 읽곤 했다. 셰퍼드는 그의 유일한 친구이자 말동무이고 보디가드였다. 그가 하루 종일 앉아 있던 가게방은 조그만 구멍가게 안쪽에 마련된 방석만 한 온돌로, 그의 아버지가 아침이면 가게와 붙어 있는 안채에서 그를 업고 문턱을 넘어가 앉혀주고, 저녁이면 또 그렇게 업고 안채로 데려가곤 했다. 그 안채에는 마루를 사이에 두고 그의 아버지와 어머니가 거처하는 안방과 그가 잠드는 건넌방이 있고, 대문 가까이에는 나의 외할머니와 외삼촌이 세 들어 사는 문간방이 있었다.

그 조그만 방에 내 어머니는 나와 내 동생을 데리고 도둑처럼 몰래 스며들었다.

"아니, 이런 법이 어딨어요. 두 분만 사신다고 해서 받아줬는데, 이렇게 애가 둘이나 딸린 아줌마까지 군식구로 묻어오면 우린 어쩌라구요."

그의 어머니는 호락호락한 주인이 아니었다. 낮에도 술에 취해 우리 식구는 물론 그의 아버지에게도 손가락질을

하며 악다구니를 쓰기도 했다. 아마도 그가 나이 먹도록
학교에도 가지 못하고 저렇게 가게방만 지키고 앉아 있는
것을 보면서 키운 화병 때문이었으리라.

"할머니, 씨가 뭐야?"

"무슨 씨, 수박씨?"

"아니, 주인집 아줌마가 아저씨가 씨가 안 좋아서 누나가
저렇게 됐대. 아저씨가 씨를 잘못 먹은 거야?"

"저 빌어먹을 여편네가 애 듣는 데서 못 하는 말이 없어.
이사를 가든지 해야지 원. 네 아버지란 인간은 도대체 어디서
뭐 한다니? 어이구 못살아. 어여 밥이나 먹어, 쓸데없는 말
하지 말고!"

마당, 마당이 있었다. 수돗가가 있고, 오종종한
항아리들이 키 재기를 하는 장독대가 있고, 이름을 알 수 없는
나무들이 자라던 마당. 내가 세상이 끝난 것처럼 울며 서
있던 그 마당. 그리고 또 뭐가 있었던가. 그래, 꽈리가 있었다.
꽈리가. 붉은 입에 싸인 붉고 동그란 열매의 안을 파내고 입에
문 채 씹으면 조그만 구멍으로 바람이 빠지면서 꽉, 꽉 소리를
내던 그 꽈리. 나중엔 고무로 만든 꽈리를 가게에서 따로
팔기도 했다. 우리 조무래기들이 하루 종일 씹고 다니던 꽈리.
마당에서 세상이 끝난 것처럼 울고 있을 때도 내 입 안엔
꽈리가 물려 있었을 것이다. 활짝 벌린 어린 새의 입처럼 입
안을 온통 빨갛게 물들이는 꽈리. 왼쪽 종아리에선 할머니가
한 움큼 떠서 발라준 된장 냄새가 스멀스멀 기어 올라왔을

테고.

마당을 나가면 개천이 보이고 저 멀리로는 늘 안개에 가려져 있는 돌산의 채석장에서 인부들이 정으로 돌을 깨는 소리가 쩡쩡 울려오곤 했다. 어린 내겐 그곳이 세상에서 가장 먼 곳, 나로서는 감히 가볼 엄두를 낼 수 없는 곳이었다.

"돌산에 가자."

조무래기들 중 대장이 말했다.

"안 돼, 난, 난, 누나랑 있을 거야."

"병신!"

내게 한 소리였다. 만일 누나에게 한 소리였다면 용서하지 않았을 것이다.

"무서워서 그러지? 병신."

"아니야, 나중에 한 살만 더 먹고 가면 돼."

"한 살 더 먹는다고 네가 갈 수 있을 것 같아, 혼자서?"

"갈 수 있어."

결국 나 혼자 구멍가게에 남아 누나 곁을 지켰다. 아니, 누나가 들려주는 이야기를 들었다. 성경책에 나오는 이야기들이었다. 여섯 살 난 아이가 듣기에는 지나치게 폭력적이고 외설적인 이야기들. 수백 년을 사는 사람들 이야기. 그들이 서로 싸우고 시기하고 간음하고 목을 잘라 죽이고 십자가에 못 박아 죽이는 이야기들. 그 끔찍함을 상쇄해준 것은 누나의 목소리였다. 단 한 번도 제 두 발로 서보지 못한 자, 단 한 번도 세상을 향해 걸어 나가본 적이 없는 자, 늘 고여 있는 자, 하여 불안을 모르는 자의 목소리.
누나는 이야기가 끝날 때마다 내 머리를 쓰다듬어주곤 했다.
그나마 남아 있을지 모르는 불안마저 잠재우려는 듯. 물론
셰퍼드를 쓰다듬어주던 손이었다. 긴 손가락이 유난히 하얗던
손. 아니 손가락만 길었던 것은 아니었다. 머리도 길어서 등을
덮었고, 얼굴도 길고 하얬다. 두 다리는 거꾸로 아주 짧고
가는 데다 휘어 있었다. 늘 모포에 싸여 있던 그 다리. 누나가
그 두 다리를 질질 끌며 마루에서 마당 수돗가까지 셰퍼드의
목을 부여잡고 끌려나오던 모습을 나는 지금도 또렷이
기억한다.

   돌산에 가기로 한 것은 아마도, 더 이상 병신 소리를
듣기 싫어서라기보다 누나가 한 번도 보지 못한 세상을 보고
와서 누나에게 낱낱이 들려주고 싶어서였을 것이다. 그것이
희열이면서 동시에 불안일 수 있다는 걸 어린 나는 미처
알지 못했다. 새로운 세상을 경험한다는 것은 다른 한 세상을
무너뜨리는 것임을.

   대장을 비롯한 조무래기들이 수시로 돌산에 다녀왔다는
건 새빨간 거짓말이었다. 올라갈 땐 몰랐는데 내려오면서
그들은 나보다 더 당황했고, 길을 잃었다고 여겨졌을 때
가장 먼저 울음을 터뜨린 건 다름 아닌 대장이었다. 우리는
저녁이 다 될 무렵까지 산속을 헤매었다. 나는 울지 않았다.
나무들이며 돌이며 흙이며 내 눈에 담기는 것은 모두 낱낱이
기억했다가 누나에게 자랑스럽게 말해주어야 했기 때문이다.

늘 듣기만 했으니까. 이젠 내가 들려줄 차례였다. 그리고 마침내 저 멀리 누나가 앉아 있을 가게의 불빛이 희미하게 보였을 때, 나는 앞장서서 조무래기들을 이끌고 산을 내려왔다.

무엇 때문이었을까. 내가 지나치게 성급히 가게 안으로 뛰어들어서였을까. 아니면 산속을 헤매는 동안 녀석을 자극할 만한 낯선 냄새를 잔뜩 묻혔던 것일까. 그도 아니면 누나 아버지의 말대로 녀석이 정말 미친 걸까. 술에 취해 가게를 찾는 낯선 남자들을 향해 낮게 으르렁거리기만 할 뿐 어지간해선 크게 짖어대지도 않던 녀석이 그날은 나를 향해 무섭게 짖으며 달려와서는 정확히 내 왼쪽 종아리를 덥석 물고 말았다.

며칠 뒤 누나의 아버지는 개장수를 불러 셰퍼드를 끌고 가게 했다. 누나는 셰퍼드의 목을 부여잡고 마루에서 섬돌로 그리고 마당의 수돗가까지 질질 끌려 내려오며 아이처럼 엉엉 울었다. 마당 한편에 서서 그 모습을 보고 있던 나도 엉엉 울었다. 개에게 물리고 할머니가 뛰어나오고 한바탕 소란이 일고 내 종아리에 된장이 발라지는 동안에도 눈물 한 방울 흘리지 않던 내가 처음으로 엉엉 소리 내어 울었다. 개를 끌고 나가던 개장수 아저씨의 말이 아직도 귀에 쟁쟁하다.

"야 인석아, 네 개도 아닌데 왜 이렇게 울어, 세상이 끝나기라도 했냐, 원 녀석도."

그렇다. 최소한 내겐 세상 하나가 끝난 것이었다. 나는 비록 새로운 세상을 경험했지만, 누나에게 그 이야기를 들려주기도 전에, 내 부주의로 말미암아 누나의 작은 세상을 끝장내버린 것이다. 그러니 내가 그날 그렇게 목 놓아 울었던 것은 나 때문에 누군가의 세상이 끝장났다는 두려움 때문이었을 것이고, 그럼에도 불구하고 어느 누구도 어린 나를 끌어안고 네 잘못이 아니라고 말해주지 않아 느낀 외로움 때문이었을 것이다. 모든 새로운 것들에 시큰둥해하는 성격은, 생각해보니 그 시절 내가 자초해 생긴 그 두려움과 외로움 때문인 것 같다. 내 왼쪽 종아리 어딘가에 나와 함께 살고 있는 그 기억의 또 다른 집.

수건 공동체

수건을 산 적이 없다. 생각해보니 정말 그렇다. 수건을 사기 위해 일부러 시장이나 마트의 전문 매장을 찾은 적도 없고 다른 물품을 구입하다가 눈에 띄어 산 기억도 없다. 그렇다고 가족 중 누군가 수건을 사들고 귀가하는 걸 본 일도 없다. 그런데도 집에는 수건이 많다. 화장실 수납장에도 한 가득이고 안방 장롱 서랍 한편엔 아직 한 번도 쓰지 않은 수건들이 차곡차곡 쟁여져 있다. 신기한 일이다. 저 많은 수건들은 대체 어디서 온 것일까.

화장실 변기에 앉아 있으면 정면 수건걸이에 걸린 수건이 보인다. 매일 바뀌는 수건들에는 매번 다른 문구가 찍혀 있다. 대개는 무슨무슨 기념인데 알 만한 것도 있고 정체를 알 수 없는 것도 있다. 가령 우리 가족 중 누구도 연고를 두지 않은 지역의 고등학교 동창회를 기념하는 수건이나 우리 가족 중 누구도 갈 일이 없는 업소의 개업 기념 수건 같은 건 의문을 넘어 공연한 의심을 키우기까지 한다.

있어도 그만 없어도 그만인 물건이라면 그러려니 하겠지만, 생활에 없어서는 안 되는 필수품인데다 몸을 씻고 나서 깨끗이 닦는 데 필요한 물품인지라 구입 경로를 알 수 없다는 건 신기하기보다 어쩐지 께름칙한 일이기도 하다. 내가 왜 이름도 모르는 사람의 고희를 기념하는 수건으로 얼굴을 닦아야 하며 한 번도 가본 적 없는 지역의 병원 이름이 찍힌 수건으로 몸을 닦아야 하는가. 유쾌할 리 없다. 마치 어린 시절 소풍 가면 늘 하곤 했던 수건돌리기 게임에서 내 뒤에 놓인 수건을 뒤늦게 발견했을 때처럼 께름칙하다. 벌칙을 받는 기분이랄까. 게다가 무언가를 기념하기 위한 수건이라면 한두 장이 아니라, 최소한 몇 십 장, 많게는 몇 백 장은 족히 만들었을 텐데, 그렇다면 단체 벌칙이 되는 셈인가. 갑자기 몸이 가려워진다.

하지만 수건의 생각은 다르다. 께름칙할 것 하나도 없노라고 말한다. 한때는 누군가의 인생에서 가장 빛나는 순간을 함께했던 몸이라는 것. 병마와 싸워 이기고 마침내 건강을 되찾은 누군가가 자신을 돌봐준 가족들과 함께 고희를 기념하는 자리에 함께하기도 했고, 갖은 고생 끝에 그토록 원하던 자신만의 가게를 오픈하는 자리에서 주인공과 함께 벅찬 심정으로 첫 손님을 맞기도 했다. 그런가 하면 앞만 보고 달려온 인생의 어느 순간 문득 흰머리가 신경 쓰이고 부쩍 기운을 잃게 된 자신을 발견하고 패기 넘치던 학창 시절의 친구들을 불러 모아 아이들처럼 너나들이하며 객기를 부려보는 중년들과 함께 소주잔을 기울이기도 했단다. 지금은 비록 올이 풀리고 색도 바래 그날의 영광과 흐뭇함 또한 바랠 대로 바랜 데다 수건돌리기 게임에서 술래가 될 누군가의 등 뒤에, 마치 체념인 듯 덩그마니 놓인 신세가 되었지만, 그래도 또렷이 기억하고 있단다. 자신이 가장 빛을 발하던 그 순간을. 그러자 어느새 가려움이 싹 가셨다.

가려움이 가신 자리에 묘한 상상력이 스멀스멀 피어오른다. 몇 백 명이란 말이지. 그렇다면 나는 매일 그 몇 백 명과 수건 공동체를 이루고 있는 것이잖은가. 게다가 매일 그 이름이 바뀌는 비밀 공동체. 그러자 수건에 찍힌 이런저런 기념 문구가 마치 비밀 문장처럼 느껴졌다. 언젠가 해당 수건을 사용하는 사람이 다섯 명 남았을 때 수건의 색깔이 변하며 지도가 나타나 마지막 회합 장소를 알려준다거나 아니면 그 문구가 다섯 명의 이름으로 변한다거나 하는……

이런 엉뚱한 생각을 하게 된 건, 뭔가 착오가 있었겠지만, 1981년 날짜가 찍힌 기념 수건을 며칠 전에 발견했기 때문이다. 수건 상태는 생각보다 멀쩡했다. 그때 수건을 받은 사람들 중 아직도 그 수건을 쓰고 있는 사람은 과연 몇 명이나 될까. 많은 사람이 유명을 달리했거나 그러기 전에 수건이 해져 걸레가 되었거나 버려졌으리라. 지금쯤 다섯 명 정도 남지 않았을까. 우리 가족이 세 명이니 남은 사람은 두 명? 아니다. 가족을 대표해서 한 명씩이라고 본다면 네 명이겠다. 각 지역에 흩어져 있겠지. 연령대도 다양할 테고 직업도

가지각색일 테고. 음, 갑자기 머릿속이 간질간질해진다.

어느 날 마치 지령을 받듯 수건의 문구가 정체를 드러내면 모월 모시 모 지역에서 우리는 만나게 되는 것인가. 누군가는 작업복 차림에 문제의 수건을 목에 두르고 나타날지도 모르고 누군가는 잘 빨아 말려서 곱게 포장한 채로 들고 올지도 모르겠다. 나는 가방에 넣어 가야 할까.

"그동안 수고 많았습니다."

"조금만 늦었더라도 난 이곳에 못 나올 뻔했수다."

"아니 왜요? 어디 편찮으시기라도?"

"내가 아니라 이 수건이 거의 다 해져서 더 이상 수건으로 쓸 수가 없었거든."

"믿지들 못하겠지만 전 한 번도 쓰지 않았어요. 그야말로 고이 간직한 셈이죠."

"아니, 잠깐. 그건 규칙 위반 아닙니까? 한 번도 쓰지 않았다면 이 회합에 참가할 자격이 없는 거잖아요. 이걸 어디서 확인해야 하나? 어떻게들 생각하십니까?"

"글쎄요, 제 생각엔 문제될 게 없지 싶은데요. 그렇게 따지면 수건 상태에 따른 기준도 마련되어야 한단 얘긴데, 전 원체 잘 씻지 않는 사람이라 그런 기준은 공평하지 않다고 봅니다. 그리고 그런 규칙이 미리 고지되었던 것도 아니구요."

"자, 자, 수건을 가지고 계시면 그걸로 충분합니다. 우리는 '그날의 영광을 잊지 말자'는 취지로 모인 것이니 말이죠."

"그런가요? 전 생각이 다른데요. '그날의 영광'이야 이미 바랠 대로 바랜 것이고, 외려 전 '체념의 힘'을 믿는 편입니다. 이 수건을 지금까지 간직하고 있었던 것도 그 때문이고 말이죠. 따라서 이 모임의 이름은 '체념이 우리를 여기까지 밀고 왔다'가 돼야 한다고 생각합니다."

"배운 사람들이라 말들은 청산유수군. 난 그런 건 잘 모르겠고, 단지 이 수건을 목에 두르고 여태껏 일해온 덕분에 먹고살 수 있었던 데다가 자식들 공부도 가르칠 수 있었으니 그게 고마울 뿐이외다. 다른 뜻은 없으니 이 수건이나 받아주슈. 내가 가지고 있으면 아무래도 걸레가 될 것 같고, 여기 오면 누군가 잘 보관해줄 것 같아 들고 나온 거니까 말이오. 거 왜 있잖아요, 명예의 전당인가 뭔가 하는 그런 거 말이오. 그것 때문에 다들 이렇게 모인 거 아뇨?"

"이 모임은 비밀 회합 같은 거라구요. 지금부터 우리의 비밀 임무가 주어질 판인데 명예의 전당은 무슨…… 스포츠도 아니고 말이야."

"젊은 친구가 아주 신났군. 그래서, 지구라도 지키시게? 손을 보아하니 거친 일은 한 번도 해본 적 없는 것 같은데, 지구는커녕 가족조차 제대로 부양하지 못할 거면서 너무 입만 산 거 아닌가 젊은 친구?"

"아니 이 아저씨가? 이런 모임에서조차 나이를 들먹이며 권위를 내세우다니 부끄러운 줄 아세요!"

"자, 자 진정들 하세요. 이러시면 지금은 비록 고인이 되셨지만 오래전에 이 모임을 계획하고 만반의 준비를 하신 분께 누를 끼치는 겁니다. 그분은 당시 어린 제게 늘 이렇게 말씀하셨습니다. '수건이 너희를 자유롭게 하리라.' 그분의 유지를 받들기 위해 모인 우리들이 첫 모임에서부터 이런 모습을 보여서야 되겠습니까. 할 일이 많습니다. 다행인 것은 우리에겐 시간도 많다는 겁니다. 우선 통성명부터 하십시다. 저쪽에 지금까지 한 마디도 안 하고 앉아 계신 분부터 자기소개를 하는 건 어떻겠습니까?"

"저, 저 말인가요?"

"예, 맞습니다. 계속 듣고만 계시던데 자기소개와 함께 이 모임에 대한 의견도 간단히 피력해주시죠."

"아, 예, 저는 경기도 부천에 사는……"

가을 풍경

마음은 멀쩡한데 몸이 가을을 타는지 자도 자도 피곤하다. 몸이 무겁다는 표현을 실감한다. 마음도 같이 무겁다면 미처 깨닫지 못했겠지만 몸만 뒤처져서 마음을 못 따라가는 형국인지라 그 무거움이 더하다. 몸은 멀쩡한데 마음만 허했다면 때 되면 배고프고 졸리는 몸에게 마음이 눈 흘기며 서운해했겠지만, 이번엔 몸이 먼저 지쳐 마음을 잡고 늘어진다. 좀 쉬자.

늘어지게 자고 일어나 늦은 점심을 먹고 주차장에 내려가 기지개를 켠다. 수건만 하게 펼쳐진 가을 햇살을 받고 서서 집 앞 골목 풍경을 멍하니 바라보며 생각한다. 어떻게 쉰다? 가만히 있는 게 쉬는 걸까? 목욕이라도 갔다 올까?

이런저런 생각을 하며 앞집의 감나무와 대추나무에게 가볍게 눈인사를 하는 참인데 골목 저쪽에서 묵직한 소음이 들려온다. 고개를 돌려 보니 차량 두 대가 붙어 있다. 접촉 사고다. 골목으로 진입해 들어오던 SUV 차량이 주차장에서 이제 막 빠져나오던 승용차와 부딪혔다. 다행히 아무도 다치지 않았고 차량이 심하게 파손된 것도 아니어서, 나는 다시 고개를 돌리고 내 몫의 햇살을 즐기며 어떻게 하면 쉴 수 있는지나 다시 궁리할 참이었다.

    그런데, 뭔가 이상했다. 아무런 소리도 들리지 않는 것이다. 경적 소리도 고성도 들리지 않고 하다못해 무슨 일인가 싶어 구경 나오는 사람들의 발소리조차 들리지 않는다. 방금 전 내가 환영을 본 건가 싶어 다시 고개를 돌려 보니 분명 접촉 사고가 맞다.

    운전자는 각각 사십대와 이십대 후반으로 보이는 남성인데, 각자의 차에서 내려서는 서로에게 아무 말도 없이 휴대전화를 꺼내 전화를 하고, 차는 사고가 난 상태로 내버려둔 채 나란히 서서 보험회사 처리반이 오기를 기다리고 있다. 골목이긴 하지만 평소 각종 택배 차량이며 과일이나 생선을 파는 트럭은 물론 오토바이도 제법 지나다니곤 하는데 오늘따라 차량은커녕 개 한 마리 지나가지 않는다. 나는 이쪽에서 수건만 한 가을 햇살 안에 서 있고 그들은 저쪽 대각선 방향에서 나란히 선 채 맞은편 담벼락으로 떨어진 햇살을 멍하니 바라보고 있다. 그렇게 한 10분 동안, 쥐 죽은 듯 조용해진 골목에서, 세 남자가, 시무룩하게, 서 있었다.

    골목은 골목대로 부산해질 오후 시간을 앞두고 마음이 급하고, 운전자들은 그들대로 예상치 못한 사고에 몸이 묶여 마음이 조바심치고, 차들 또한 갈 길이 막혀 마음이 바쁘고,

나는 또 나대로 마음이 앞서지만, 오늘은 모두들 무거워진 몸이 마음을 붙드는 날인지 그렇게 쉬고들 있다. 몸 무거워진 가을이, 링 한복판에 던져진 수건처럼, 그렇게 햇살 한 줄기 부려놓은 채, 골목에서 쉬고 있다.

잡스러움에 대하여

생물학에서 우리가 얻을 수 있는 교훈은 모든 생명은 다 고귀하다는 것이라기보다, 모든 생명은 다 잡스럽다는 것이 아닐까. 단세포 생물에서 캄브리아기의 생물 대폭발을 통해 다세포 생물이 생겨나고 그로부터 척추를 가진 어류가 출현한 데다 양서류, 파충류, 조류, 포유류를 거쳐 마침내 인류의 조상인 유인원이 탄생했다는 것이 생물학, 특히 진화생물학의 전언이 아닌가. 이 말은 인간의 몸에는 그 지난한 진화의 흔적이 고스란히 남아 어류와 양서류, 파충류, 조류, 포유류의 유전 인자가 뒤섞여 있다는 의미겠다(유전자에 기록되어 있지 않다고 그 흔적이 없다고 말할 수 있겠는가).

    이는 물론 그 뒤섞임이 가장 잡스러운 것이 바로 인간이란 얘기이기도 하다. 그러니 순혈이니 순수 인종이니 하는 말은 얼마나 어처구니없는 말인가. 저 악명 높은 우생학과 사회생물학에 아이디어를 제공한 생물학에 혐의를 둘 수도 있지만 이 또한 터무니없는 억지에 불과하다.

생물학이 무슨 잘못인가. 가장 잡스러운 생명체이면서 순수 운운하는 인간들이 잘못이지.

가장 싫어하는 단어가 주인 의식이란 얘기를 주변에 하고 다닌 적이 있지만, 사실 내가 혐오하는 단어 중 가장 앞줄에 서 있는 것이 '순수'다. 세상 모든 패악의 원인인 단어. 신이 제 발목에 채운 족쇄에 새겨진 단어(나는 아담과 이브가 대체 무슨 잘못을 저질렀는지 아직도 통 모르겠다). 순수라는 단어에서는 시체 썩는 냄새가 난다. 종교적, 인종적, 언어적, 정치적, 문화적 순수는 얼마나 혐오스러운가. 순수한 사랑도 예외일 수 없다. 그걸 주장하는 생명체가 가장 잡스러운 존재라는 것은 역겨운 아이러니다.

생물만 그럴까. 무생물의 생물학이랄 수 있는 화학에서 우리가 얻을 수 있는 교훈 또한 대부분의 물질은 다 잡스럽다는 것이 아닐는지. 화합물이란 것 자체가 잡스러운 물질이란 의미일 테니까. 멘델레예프의 주기율표에서 얻을 수 있는 핵심 전언이기도 하다. 비록 홑원소로 존재할 수 있는 물질이더라도 자연 상태에선 이런저런 불순물이 섞여 있기 마련이다. 그러니 좀 과장하자면 우주에 순수 물질 같은 건 없는 셈이다. 우리는 모두 섞여 있다. 생물끼리는 물론 생물과 무생물 사이에서도 예외는 없다. 그것이 바로 존재의 방식이다.

그것은 마음의 존재 방식이기도 하다. 우리 마음도 끊임없이 섞이니까. 고통까지도 그렇다. 세상에 나만의 순수한 고통 같은 건 없다. 단말마를 내지를 때 그것이 나만이 느낄 수 있는 고통이라면, 역설적이지만 나는 고통을 느끼고 있는 것이 아니다. 소통될 수 없는 고통은 고통이라고 이름 붙일 수 없으니까. 가령 누군가 실실 웃으면서 "나는 고통을 느낄 때 웃어"라고 말한다고 해서 그 고통이란 단어를 외계어 취급할 사람은 없을 것이다.

프리모 레비의 『주기율표』(이현경 옮김, 돌베개, 2007)를 읽으면서 든 생각들이다. 이 책에서 니켈의 추출 방법을 찾아낸 저자는 이렇게 말한다.

"마침내 나를 생물학적으로 열등한 존재라고 선언했던 자들에게 결코 저열하지 않게 복수했다는 생각도 들었다."

아마도 이 문장이 이 책의 핵심 문장이 아닐까 싶은데, 실로 안타까운 문장이다. 문장이 잘못돼서가 아니라 그 맥락이 안타까워서 그렇다. 우선 '생물학적으로 열등한 존재'라는 표현. 생명체를 두고 우열을 가릴 수 있다는 생각. 생명체는 물론이지만 우성 인자니 열성 인자니 하는 생물학의 용어도 나는 마뜩잖다. 어떤 것이 우성이고 열성이라고 말할 수 있는 기준은 무엇이며 누가 정하는가. 그것을 정하는 순간 그 누구는 이미 생명의 그물망에서 벗어난 셈이다. 그는 생명체로서 발언하는 것이 아니라 분류하는 존재로서 발언하는 것이니까. 그리고 분류하는 존재는 분류를 행하는 순간 생명체로서의 존재 기반을 잃는 것이니까. 그러니 그것은 한낱 선언의 형식을 띨 수밖에 없다. 생명체로서

열등한 것이 아니라 단지 생물'학'적으로 열등하다는 정치적인 선언.

한편 '저열하지 않게 복수했다'는 표현도 안타깝기는 마찬가지다. 여기서 말하는 저열하지 않은 복수란 광상에서 니켈을 추출해낸 것을 말하는데, 이것이야말로 저열한 복수가 아니고 무엇이란 말인가. 잡스러운 화합물에서 니켈을 추출해냈다는 것이 어쩐지 열성 인자에서 우성 인자를 뽑아냈다는 말처럼 들리니 말이다.

저자의 삶을 염두에 둔다면 주기율표의 원소들을 나열해가면서 살아온 얘기를 들려주는 모습이 처연하기 그지없다. 하지만 생물학과 마찬가지로 화학 또한 스스로의 조건을 기반으로 삼을 수밖에 없는 학문이 아닌가. 생명체와 원소들로 끊임없이 환원될 수밖에 없는 학문. 공리나 법칙이 큰 의미가 없는 학문. 잡스러움을 기반으로 하면서 끊임없이 순수한 분류에 목을 매야 하는 학문. 그 잡스러움을 잊고 순수한 분류만 되새긴다면 끝내 선민의식을 떨칠 수는 없으리라. 그리고 선민의식을 떨치지 못한다면 팔레스타인인들과 섞이는 것을 무엇보다 혐오스러워하는 유대인들은 자신들이 당한 비극을 다시 반복할 수밖에 없으리라. 이보다 더 끔찍한 일이 있을까.

어떤 상황에서도 잊어서는 안 되는 것은 생물은 물론 무생물에 이르기까지 모든 존재는 잡스럽다는 사실이다. 그리고 우리 인간이야말로 잡스러움의 종결자들이라는 것. 그러니 순수란 말은 거두자. 목숨을 걸 만큼 순수하고 싶다면 스스로에게 불을 질러 탄소 덩어리가 되는 방법도 있다. 그러지 않을 거라면 제발이지 순수라는 말은 거두자. 유대인들이 겪은, 그야말로 말로 다 표현할 수 없는 비극에서 우리가 얻을 수 있는 교훈은 이것뿐이리라. 우리는 모두 잡종이다.

어려운 일과 힘든 일

어려운 것과 힘든 것을 정확히 구분하기란 쉽지 않다. 쉽지 않다고 썼으니 이런 구분조차도 어려운 것이지 힘든 것은 아니겠다. 힘에 부칠 만한 일은 아니니까.

가령 복잡한 수학 문제를 단숨에 풀어내는 것은 어렵다. 해법을 모른다면 아무리 용을 써도 별무소용일 테니 힘들다고 할 순 없겠다. 반면 먹고사는 일은 힘들다. 해법이 따로 있는 것도 아니고 늘 힘에 부치는 일이니까.

시를 읽고 이해하기는 어렵다. 시적 사고를 필요로 하는데다 간혹 언어 저편을 꿰뚫는 통찰력을 요구하기도 한다. 그러니 어렵다. 반면 소설을 읽는 건 힘이 드는 일이다. 두꺼운 책을 들고 처음부터 끝까지 읽어나가야 하는 만만치 않은 노동이 요구되는데다, 나하고는 하등 관계없는 인물들의 삶을 감당해야 한다. 힘겨운 일이다.

사랑이나 삶이 무엇인지 정의(定義) 내리기는 어렵다. 내 사랑이나 내 삶을 일반화해야 하기 때문이 아니라, 정의를 내려야 하기 때문에 그렇다. 사랑이든 삶이든 정의를 내려야 할 때 우리가 알아야 하는 것은, 사랑이나 삶이 아니라 정의를 내리는 방법이다. 모든 정의는, 정의를 내리는 방법과 관련한 사례이거나 연습 문제일 뿐이다.

반면 누군가를 사랑하는 일이나 살아가는 일은 힘들다. 그것은 사랑이란, 혹은 삶이란, 뒤에 이어진 공백을 메우는 일이 아니라, 굳이 비유하자면 거꾸로 공백에 대해 정의를 내려야 하는 일이기에 그렇다. 말하자면 공백 뒤에 이어진 공백과 마주하는 일이다. 그 공백을 들여다보는 일은 힘든 일이지 어려운 일이 아니다.

보고 싶은 사람을 보지 못할 때 우리는 힘들다고 말하지 어렵다고 말하지 않는다. 삶이 생각대로 이어지지 않을 때 우리는 힘들어하지 어려워하지 않는다. 그때 우리는 공백과 마주하는데 그 공백은 뭔가를 채워 넣어야 하는 빈 공간이 아니라 검고 깊은 구멍이다. 그리고 그 구멍 뒤에 이어진 공백에 우리가 채워 넣을 수 있는 거라곤 보고 싶은 사람의 이름과 내 이름뿐이다. 그렇게 잔뜩 휘갈겨 쓰다 보면 앞에 놓인 검고 깊은 구멍으로 훌쩍 뛰어들고 싶어진다. 그 시간을 온몸으로 버텨내기란 정말이지 힘든 일이다.

3장

질문과 답

엄지손가락

엄지손가락으로 할 수 있는 일은 그다지 많지 않다. 코를 파기도 그렇고 가려운 곳을 긁기에도 마땅치 않고, 어딘가를 가리키기도 어색하다. 아름다운 것은 유용하지 않고 유용한 것은 아름답지 못하다는데 엄지손가락의 경우는 그다지 아름답지도 못하다. 짧고 뭉툭한데다 저 혼자 방향을 틀고 서 있다.

하지만 엄지손가락이 없다면 누군가에게 '당신이 최고다'라는 의사 표현을 하기가 여간 난감한 게 아니다. 그것 하나만으로도 엄지손가락의 가치는 차고도 넘친다. 영어에는 "two thumbs up"이라는 표현이 있다지만, 두 개의 엄지손가락을 모두 치켜드는 건 좀 오버지 싶고 하나만으로도 그 마음을 전하기에 충분하지 않을까. 이럴 때 엄지손가락은 유용하면서도 아름답다. 게다가 내게는 잊을 수 없는 엄지손가락이 있다.

오래전에 개봉한 영화「라스베이거스를 떠나며(Leaving

Las Vegas)」에서 본 니컬러스 케이지의 엄지손가락. 영화는 술 때문에 직장도 잃고 가족과도 헤어진 벤(니컬러스 케이지 분)이 한 달 동안 진탕 술을 마시다 죽어야겠다는 생각으로 환락의 도시 라스베이거스를 찾았다가 거리의 여인 세라(엘리자베스 슈 분)를 만나 짧은 사랑을 나누고 죽는다는 얘기다. 문제의 엄지손가락은 서로에게 연민을 느낀 벤과 세라가 동거를 시작할 무렵 모텔의 풀장 안에서 키스를 나누는 장면에 등장한다. 풀장으로 뛰어들 때 벤의 손에는 세라가 선물한 휴대용 술병이 들려 있었는데, 역시 술꾼답게 물속에서 키스를 나누면서도 벤은 왼손으로 그 술병을 꽉 쥐고 있다. 그러다가 어느 순간 술이 새나가지 않도록 엄지손가락으로 술병의 아구리를 꾹 눌러 막는다.

물속에서 벌어지는 두 가지 접촉 중에서 정작 에로틱한 장면은 벤의 입술과 세라의 입술이 아니라 벤의 엄지손가락과 술병의 아구리가 만들어낸다. 사실 두 사람의 키스신은 에로틱과는 거리가 멀다. 한쪽은, 아무리 자신의 일에 자부심을 느끼는 캐릭터라지만, 어쨌든 거리의 여자고, 한쪽은 술 때문에 삶을 망치고 바닥까지 내려온 남자다. 하여 두 사람이 물속에서 나누는 키스는 에로틱하다기보다 차라리 무슨 의식을 치르는 것처럼 숙연해 보인다. 물속에서 두 사람은 물의 쓰다듬을 받고 또 서로는 서로의 입술에게 쓰다듬을 받는 의식. 어디서도 욕망의 분출은 찾아보기 어렵다.

그 욕망을 대신하는 것이 바로 술병의 아구리를 막는 벤의 엄지손가락이다. 술이 새나가는 걸 막는 엄지손가락은 벤의 입술을 대신하고, 술병의 아구리는 세라의 입술을 대신한다. 하여 벤은 지금 세라의 입술을 통해 술을 받아 마시는 셈이다. 술을 끊으라는 잔소리 대신 휴대용 술병을 선물한 세라의 입장에서는 자신이 선물한 바로 그 술병이 되어 벤에게 술을 흘려주는 셈이고.

무슨 의식을 치르는 것처럼 처연해 보이던 두 사람의 물속 입맞춤은 술이 섞이면서 마침내 디오니소스의 축제로 바뀐다. 두 사람은 비로소 술에 취하듯 서로의 입술에 취하면서 이 영화에서 가장 아름다운 장면을 만들어내는데, 그건 순전히 니컬러스 케이지의 엄지손가락 덕분이다.

우거지된장국

된장국을 끓이자. 우선 냉동실에 넣어둔 우거지와 국물용 멸치를 꺼낸다. 우거지는 뜨거운 물에 담가 녹이고 멸치는 냄비에 넣고 살짝 볶는다. 멸치의 구수한 비린내가 코끝을 찌를 즈음 물을 붓고 거기에 손바닥만 한 다시마 한 조각을 넣어 함께 팔팔 끓인다. 물이 끓어 넘칠 무렵 다시마는 꺼내 버린다. 그대로 두면 국물 맛이 써지니 주의해야 한다. 멸치만 남은 물을 중간불에 계속 올려둔 채, 다용도실에서 꺼내온 양파와 파를 씻어 양파는 껍질을 벗긴 뒤 반 토막 내 썰고 파는 어슷어슷 썬다. 냉장고에서 풋고추를 꺼내 흐르는 물에 씻은 다음 꼭지를 따내고 역시 어슷어슷 썬다. 이번엔 녹아 흐물흐물해진 우거지를 흐르는 물에 한 번 씻어낸 뒤 꼭 짜서 도마 위에 올리고 적당한 크기로 썰어둔다.

    국자로 멸치 국물에 생긴 거품을 조심스레 걷어내고 살짝 맛을 본다. 음, 좀 더 끓여야겠군. 그동안 뭘 한다? 방에 들어가면 주방에 벌여놓은 일을 까맣게 잊어버릴지도 모르는데. 맞아, 된장을 가져다놓고, 냉장고에서 다진 마늘도 꺼내놓고 고춧가루도 내놔야겠군. 천천히 아주 천천히 했는데도 채 1분이 지나지 않았다. 멸치는 냄비 안에서 끓는 물과 사투를 벌이느라 정신이 없는데 나는 주방 싱크대 앞에 멍하니 서 있다. 이젠 별게 다 열등감을 느끼게 하는군. 짐짓 멸치 쪽으로는 눈길도 주지 않는 척하지만 외면한다고 내 처지가 나아질 건 없다. 멸치들이 끓는 물 속에서 아우성이다. 이렇게 뜨거워본 적 있어? 뜨겁게 살고 뜨겁게 사랑하고 뜨겁게 눈물 흘린 적 있어? 너희들은 차가운 물에서 왔잖아. 그럼 그만큼 차가웠던 적은 있나보지? 그렇게 냉철했던 적이 있다고? 뜨겁게 차갑게 뜨겁게 차갑게 뜨겁게 차갑게 뜨겁게 차갑게…… 한 백 번쯤 중얼거리자 멸치들이 조용해졌다.

불을 끄고 다른 냄비를 꺼내와 뜨거운 멸치 국물을 조심스레 체에 받는다. 체에 남겨진 멸치들은 다시 차갑게 식도록 한편에 놓아둔다. 된장을 한 수저 떠서 국자에 올리고 수저로 조금씩 풀어가며 멸치 국물에 섞는다. 한꺼번에 풀어버리면 국물 맛이 짜질 수 있으니 주의해야 한다. 적당히 풀었다 싶을 때 간을 보고 더 풀어 넣을지를 결정한다. 간이 맞다 싶으면 다시 불 위에 올리고 준비해둔 양념들을 차례차례 집어넣는다. 양파, 파, 풋고추, 고춧가루, 다진 마늘, 그리고 마지막으로 우거지까지. 잘 섞이도록 국자로 적당히 저어준 뒤 한소끔 끓이고 불을 줄여 다시 은근하게 끓인다. 그동안 차갑게 식은 멸치들을 한 마리씩 들고 머리와 내장을 떼어낸다. 바닷속을 떼 지어 유영하던 저 찬란했던 시절의 영광이며 팔딱팔딱거리며 끝까지 저항하던 저 암울했던 시절의 결기마저 이미 국물에 다 내주고 맥없이 흐물흐물해진 녀석들을 입에 넣고 오물오물 씹어본다. 차가운 맛과 뜨거운 맛이 동시에 느껴진다. 차갑게 뜨겁게 차갑게 뜨겁게 차갑게 뜨겁게 차갑게 뜨겁게…… 어느새 국이 다 끓었다.

국그릇에 국을 한 국자 가득 떠서 담고 찬밥 남은 걸 말아 선 채로 한 숟가락 떠먹는다. 뜨거운 국물과 차가운 밥이 목구멍을 넘어 배 속으로 꿀떡꿀떡 넘어간다. 살 것 같다. 아니, 죽을 것 같다. 살 것도 같고 죽을 것도 같고 뜨겁기도 하고 차갑기도 하고. 뜨겁고 차가운 국과 밥이 넘어간 그 구멍으로 울컥하고 다시 뜨거운 것이 치올라온다. 밖으로 나오면 금세 차가워질 눈물 한 방울. 멸치다시 국물 우거지된장국에 바치는 내 마음 한 방울.

문상

내가 사는 곳에서 수십 킬로미터 떨어진 작은 도시에서 한 사람이 죽었다. 내가 한 번도 가보지 못한 도시였고, 내가 한 번도 본 적 없는 사람이었다. 하지만 망자가 낳아 키운 아들과는 그 도시에 살고 있는 사람 수만큼이나 오랜 시간 동안 알고 지내온 사이였다. 나는 문상을 갔다.

    장례식장은 도시 외곽 도로변에 있었다. 병원 건물만 찾느라 하마터면 지나칠 뻔했다. 시에서 운영하는 장례식장인 모양인데 말 그대로 장례식장이었다. 건물에 그렇게 쓰여 있었다. '장례식장'이라고. 주위에 다른 건물은 보이지 않았다. 장례식장과 주차장이 전부였다. 마치 '이곳이 바로 우리 도시가 죽음의 장소로 정한 곳입니다'라고 말하는 듯했다.

    빈소에는 망자의 아들 중 내가 잘 알고 지내는 아들이 아닌 다른 아들이 홀로 앉아 있었다. 나는 향을 사르고 영정사진 속에서 나를 빤히 쳐다보고 있는 망자를 향해 엎드려 절했다. 생전에 한 번도 본 적 없는 고인에게 절한다는 것이 어색해서 나는 더 깊이 엎드렸고 더 오래 절했다. 상주와 맞절을 하고 나서, 역시 한 번도 본 적 없는 이 사람에게 뭐라고 말해야 할지 몰라 나는 어색했다. 어색한 티를 내지 않기 위해서라기보다 어색한 게 싫어서, 나는 고인의 다른 아들의 이름을 대며 대학 선배라고 나를 소개했다.

"아, 그러시군요. 지금 이층에 있습니다. 올라가보시죠."

나는 뭔가 결례를 저지른 사람처럼 약간 허둥대며 빈소에서 나왔다. 이층으로 올라가기 전, 고개를 돌려 보니 빈소의 풍경은 어느새 내가 들어서기 전으로 돌아가 있었다. 나를 맞았던 상주는 내가 들어서기 전과 똑같은 자세로 앉아 무표정한 얼굴로 바닥을 내려다보고 있었는데, 지금 세상에서 가장 외로운 사람이 누구냐고 묻는다면 나는, 텅 빈 빈소를 홀로 지키는 상주라고 말할 것만 같았다.

이층에 올라가니 알 만한 얼굴들이 모여 있었다. 그중에는 내게 전화를 해서 고인의 죽음을 알린 K도 있었고, 고인의 아들도 있었다. 고인의 아들은 고인이 어떻게 사망했는지 그 자초지종을 모두에게 설명하는 중이었다. 자리에 앉아, 아마도 여러 번 반복되었을 그 이야기를 나는 들었다. 세세한 대목까지 빠짐없이 설명해야만 고인이 편한 곳으로 갈 수 있다는 듯이, 아니면 고인이 다시 살아날 수 있다는 듯이 그는 열과 성을 다해 설명했다. 나 역시 그의 말을 경청하는 것이 창졸간에 아버지를 잃은 아들의 슬픔을 위로하는 유일한 길이라는 듯이, 아니면 이런 비극을 아예 없던 일로 만들 수 있다는 듯이 열과 성을 다해 그의 설명을 들었다. 그러다가 이런 이야기는 이곳에 모인 사람들이 아니라, 아래층에서 영정사진 속에 갇혀 있는 고인이 들어야 할 이야기라는 생각이 들어 민망해졌다.

고인의 아들이 설명을 끝내고 빈소로 내려가자 금방 분위기가 바뀌었다. 모두들 죽는 이야기보다 사는 이야기를 나누느라 정신이 없었다. 고인이 어떻게 죽었는지에 대해 들었으니 이제는 어떻게 사는지에 대해 떠들어야 균형이 맞는다고 여기는 모양인지 모두들 경쟁적으로 떠들어댔다. 나는 빈소에서 절할 때나 고인이 어떻게 사망했는지에 대해 들을 때보다 더 어색해져서 실없이 웃기만 했다. 그러다가 내가 지금 문상을 왔다는 생각이 들어 더 어색해졌고 그 어색함을 지우려고 나는 또 웃었다. 웃는 내가 어색했고, 어색해하는 내가 웃겼다.

바람을 쐬러 아래층으로 내려오는데 K가 따라 내려왔다. 내가 혼잣말을 하듯 중얼거렸다.

"그렇게 돌아가셨구나."

"예, 그렇게 돌아가셨다네요."

"병원에 내내 있었으면서도 임종을 못한 셈이네?"

"예, 교대하고 병원을 막 나서는데 연락이 왔더래요."

"그럴 수도 있구나."

"그러게요. 그럴 수도 있네요."

나는 후 하고 길게 한숨을 내뱉었다. K는 무심한

표정으로 텅 비다시피 한 주차장을 쳐다보고 있었다. 팔짱을
꼈다 풀었다를 반복했다. 아마도 담배를 끊은 걸 후회하는
모양이었다.
"아직도 정신이 없는 것 같던데……"
"그럴 거예요. 엊그제까지만 해도 퇴원해서 같이 드라마
봤다니까……"
"그래?"
"그랬다네요."
"그럴 수도 있구나."
"예, 그럴 수도 있나봐요."
그때 이층에 있던 무리들이 우르르 몰려 내려와
우리를 둘러쌌다. 그들은 담배를 피우면서 예의 사는
이야기를 이어갔다. 그들이 나누는 대화는 지극히 일상적인
내용이었는데도, 마치 일부러 과장된 표현을 섞어 집요하게
반복하는 연극 대사처럼 들렸다. 세상에서 가장 치열하게
사는 사람이 누구냐고 묻는다면, 장례식장을 찾은
문상객들이라고 말해도 좋을 것만 같았다.
무리들이 다시 이층으로 올라가고 난 뒤에 나는 K에게
그만 돌아가야겠다고 말하고 장례식장을 빠져나왔다.
집으로 돌아오는 길에 나는 빈소를 지키고 있을 상주를,
아니 상주가 짓고 있을 표정을 떠올렸다. 모든 상주들은 혹시
문상객들이 쏟아내는 저 무시무시한 삶의 이야기들로부터
고인을 지키느라 빈소를 떠나지 못하는 것은 아닐까 하는

생각이 들었다. 그러자 견딜 수 없을 만큼 외로워졌다. 전철 차창에 비친 내 표정에 상주의 표정이 겹쳐졌다.

이등병

꿈을 꾸었다. 꿈속에서 나는, 완전군장을 한 채로 작전 지역으로 향하는 행군 대열에 섞여 걷고 있었다. 겨울이었고, 밤이었다. 군화 소리가 일정하게 들려왔으며, 한쪽 어깨에 멘 소총이 군장에 부딪히는 소리며 거친 숨소리까지, 병사들이 내는 이런저런 소리들이 대열을 따라 앞으로 앞으로 움직였다.

병사들은 어둠 속에서 길 양쪽을 차지하고 걸었다. 그 사이로 지프차가 지나갔고 가끔 연락병이 뒤뚱거리며 뛰어갔다. 나는 길 왼쪽 줄에 끼어 있었다. 뒤를 돌아보니 군장 위에 캘리버 오공을 얹은 상병이 고통스러운 표정으로 뭐라고 중얼거리고 있었다. 자세히 보니, 중얼거리는 것이 아니라 숨을 내쉬는 소리였는데, 턱까지 감싼 방한모에 찬 습기가 그대로 얼어붙어서 숨을 내쉴 때마다 이상한 소리가 났다.

나는 고개를 돌려 이번엔 내 앞에서 걷고 있는 병사의

뒷모습을 뚫어져라 바라보았다. 뒷모습만으로는 누군지 알 길이 없었다. 어두운 밤이었다. 하지만 걷는 모습을 보니 이등병이 분명했다. 군화도 거의 새것에 가까웠고, 발바닥에 물집이 잡혔는지 걸음걸이가 영 불편해 보였다. 이등병은 고개를 숙인 채 앞 사람의 뒤꿈치만 보며 걷는 중이었다.

멀리서 전차의 무한궤도 소리가 우렁우렁 들려왔다.

"오공 사수들, 전차에 총신 부딪히지 않게 조심하고 나머지도 모두 길 바깥으로 걸어! 아스팔트 밟지 말라고 몇 번을 얘기하냐! 발바닥 아파서 오래 못 걷는단 말이야! 그리고 조는 놈들 다 깨워!"

누군가 길 한복판을 잰걸음으로 지나면서 길 양쪽에 대고 소리쳤다. 그 소리에 내 앞에서 걷던 이등병이 흠칫하며 고개를 들었다. 깜빡 졸았던 모양이다.

나는 불안해졌다. 졸면 안 된다. 혼잣말을 하면서도 나는 이 모든 상황이 참을 수 없을 만큼 우스웠다. 꿈속에서, 가수면 상태로 걷고 있는 병사를 보며 졸면 안 된다고 중얼거리다니. 이런 말도 안 되는 꿈에서 어서 빨리 깨고 싶었다.

대열은 얼어붙은 논밭을 지나 마을로 접어들었다. 왼쪽으로 초등학교가 보였다. 발바닥이 찢어지는 것처럼 아팠다. 그때 어둠 속에서 무언가가 왼쪽으로 움직였다. 이등병이 절뚝거리며 대열을 이탈해서는 태연스럽게 학교 쪽으로 걷고 있었다. 나는 얼른 이등병에게 다가가 총신으로 녀석의 철모를 힘껏 내려쳤다.

"정신 차려, 이등병!"

이등병이 그 자리에 멈춰 서더니 나를 향해 천천히 돌아섰다. 그러고는 놀란 눈으로 나와 내 뒤쪽에서 이동 중인 대열을 번갈아 쳐다보았다.

"잠 깼냐? 어서 돌아가자."

손바닥으로 이등병의 뺨을 두드리며 내가 말했다. 녀석의 볼이 얼음장 같았다. 이등병은 나를 빤히 쳐다보기만 할 뿐 움직이지 않았다. 마치 나를 통해 다른 무언가를 보려는 사람처럼 그렇게 텅 빈 시선으로 하염없이 나를 쳐다보았다. 그러고는 내게 말했다.

"그냥…… 이대로 잠들게 해주면…… 안 되겠습니까?"

그의 목소리가 볼보다 더 차가웠다. 나는 어이가 없었다.

"잠이 덜 깼구나. 별일 아니니 겁먹을 필요 없어. 졸다가 대열에서 이탈한 것뿐이야. 다시 돌아가면 돼. 그리고 잠은 숙영지에 도착하면 얼마든지 잘 수 있다."

말을 하면서 나는 녀석의 명찰을 확인했다. 명찰에는 이름 석 자가 또박하게 박혀 있었다. 나는 녀석의 얼굴과 명찰에 새겨진 이름을 번갈아 쳐다보았다.

"이해를 못 하시는군요. 제 말은 잠에서 깨고 싶지 않다는 겁니다. 이대로 계속 잠들어 있고 싶다는 거예요. 자면서 계속 걸어도 좋으니 다만 깨지만 않았으면 좋겠단 겁니다. 나도 당신을 깨우지 않을 테니 당신도 더 이상은 나를 귀찮게 하지 말아주세요."

 "뭐라고? 너 지금 무슨 얘길 하는 거야? 넌 잠에서 깼어. 내가 깨웠다고. 그리고 나는 엄연히……" 하고 내 모습을 살피는데, 완전군장은 온데간데없고 목이 늘어난 티셔츠에 추리닝 차림을 한 중년의 남자가 서 있었다. 맨발이었다. 몸이 무섭도록 떨렸다. 너무 떨려서 몸이 떨리는 건지 마음이 떨리는 건지 분간하기 어려울 정도였다.

 정신을 차려보니 이등병은 절뚝거리는 걸음으로 어느새 학교 정문을 지나 교정 안으로 들어서고 있었다. 나는 바람 소리를 들으며, 내 뒤로 멀어져가는 행렬과 내 앞으로 사라져가는 이등병을 번갈아 바라보다가 그 자리에 털썩 주저앉아버렸다.

 담배를 피우고 싶었는데 주머니 어디에도 담배는 없었다. 정말이지 어처구니없게도, 나는 담배 대신 엄지손가락을 빨았다. 울고 싶을 정도로 내가 멍청하게 느껴졌다. 뒤에서 조명탄 터지는 소리가 들렸고 그 불빛으로 인해 이미 학교 운동장 깊이 들어선 이등병의 뒷모습이 멀리서도 잘 보였다. 나는 이등병을 놓치지 않으려고 애썼다. 그러다가 그의 명찰에 적힌 이름이 떠올라, 어서 이 망할 놈의 꿈에서 깨어나야겠다고 생각했다. 내 이름 석 자가 선명하게 박힌 그 명찰.

신발 한 짝

신발 한 짝을 잃어버린 채 집에 돌아온 적이 있다. 초등학교 3학년 때였던가.

워낙 멍한 채로 지내기 일쑤여서 이것저것 잃어버리는 게 장기 아닌 장기던 시절이었다. 실내화 주머니에 실내화는 물론 우산이며 필통, 장갑 등등 그 당시 내가 잃어버린 것들을 모두 모으면 문구점 하나는 거뜬히 차렸을 것이다. 겨울이면 장갑은 엄지장갑이든 손가락장갑이든 무조건 끈을 달아 목에 걸고 다녔는데, 어김없이 한 짝씩 잃어버리곤 했다.

내 물건을 갖는 게 여간 신경 쓰이는 게 아니었다. 나중엔 두렵기까지 했다. 세상에 내 것이란 게 없었으면 싶었더랬다.

그러던 어느 날 터덜터덜 걸어서 집에 돌아와서는 대문을 열기 전 실내화 주머니며 가방이며 가방 속에 든 학용품까지 머릿속으로 모두 점검을 하고 나서 내심 안심하고 대문을 열었는데, 수돗가에서 나를 맞던 어머니가 눈이 동그래져서는 소리쳤다.

"야, 너 신발 한 짝 어쨌어?"

대체 무슨 생각을 하며 살았던 걸까.

물론 지금도 그러는 건 아니다. 어른이 되었기 때문일까. 글쎄, 그보다는 남이 쓴 글을 한 자 한 자 확인해야 하는 일을 직업으로 삼았기 때문이라고 하는 게 맞지 싶다. 그사이에 다시 확인해보고 따져보고 점검해보고 그래도 안심하지 못하고 마지막으로, 를 입에 달고 살다시피 하며 확인에 확인을 거듭하는 일이 습관이 된 탓이리라. 이런 습관이 어디 일에만 적용되었을까. 자연스레 생활에도 스며들었겠지.

일이 나를 책임감 있고 번듯한 어른으로 만들었다는 생각보다 내 성정에 맞지 않는 일 때문에 본성대로 살지 못했다는 안타까움이 더 크다면 이상해 보일까. 어딘가에 벗어져서 뒹구는 신발 한 짝을 대신 챙겨 들고 어른스러운 표정으로 초등학교 3학년짜리 꼬마 뒤를 따라가는 대신, 나도 어딘가에 신발 한 짝을 벗어두고 그 꼬마 옆에 서서 함께 터덜터덜 걷고 싶다면, 무책임한 어른이라는 소리를 듣게 될까.

이렇게 산 게 뿌듯하고 자랑스럽기는커녕 초등학교 3학년의 나에게 미안하기만 하다. 가슴 졸이다가 결국엔 나는 대체 왜 이러는 걸까, 를 속으로 연발했던 그 꼬마 아이에게 사과하고 괜찮다고, 그렇게 살아도 된다고 말해주고 싶은데, 그 꼬마 아이가 과연 내 사과를 받아주고 내 말을 들어줄는지 모르겠다.

메커니즘

동네 이마트에서 바지를 두 벌 샀다. 수선 코너에 맡기면서 물으니 30분쯤 걸린단다. 애매한 시간이다. 도서관에 갔다 들어가는 길에 찾아갈까 하다가 아무래도 잊지 싶어서 기다리기로 했다. 그동안 뭘 할까 궁리하다가 주방용품 코너와 공구 코너를 찾았다.

예전엔 같이 붙어 있었는데 공구 코너는 어디로 옮겨졌는지 보이지 않았다. 하는 수 없이 주방용품들이 모여 있는 칸들만 여기저기 둘러봤다. 주방용품에 관심이 많다거나 요리를 즐기다 보니 관련 용품에도 관심을 갖게 된 거라면 요즘 말로 '시크'해 보이겠지만, 두 가지 모두 내 관심 밖이다. 어쩌다 보니 십수 년간 주부 흉내를 낼 수밖에 없었을 뿐 음식 만드는 데는 원래부터 취미가 없었다. 공작에도 마찬가지다. 뭐가 됐든 만드는 데는 영 젬병이고 그렇다 보니 흥미를 키우지도 못했다. 아니 거꾸로인가?

내가 주방용품이 모인 곳을 기웃거리는 이유는 단지

그것들이 신기해서일 뿐이다. 뭐랄까. 나는 이런 일을 하는 도구입니다, 라고 말하는 듯하달까. 상품들이 말을 한다. 옷이나 가구가 진열된 곳과 비교하면 얼마나 흥미로운가. 내가 뭘 하게 될지는 너 하기 나름이니 내게 묻지 마, 하고는 무뚝뚝하게 혹은 새치름하게 걸려 있거나 서 있는 옷이며 가구들과 달리(이건 책도 마찬가지다) 주방용품과 공구들은 끊임없이 말을 한다. 그 앞에 서 있으면 귀가 먹먹해질 정도다. 자르는 소리, 깎는 소리, 지지는 소리, 볶는 소리, 으깨는 소리, 끓이고 삶는 소리, 뚫는 소리, 빠는 소리, 짜내는 소리, 가는 소리, 써는 소리, 조이는 소리 등등. 소리로 말을 한다. 소리들이니 의성어이지만 그 행위로 보면 동사들이다.

    동사 중에서도 직접적이고 분명한 축에 속하는 것들이다. 너무도 직접적이고 분명해서 섬뜩할 정도다. 가령 주방용품 코너에서 풍성한 저녁 식탁에 온 가족이 둘러앉은 평화로운 모습을 상상할 수도 있지만, 그건 해당 용품들이 한 사람에 의해, 한 가지 목적으로만 다루어질 때 얘기고 여러 사람이 동시에 손에 든다면 영 딴판인 그림이 그려진다. 그렇지 않더라도 주방용품의 쓰임 자체는 다분히 폭력적이다. 저 앞에 쓴 소리들에서 '소리'를 빼고 동사형으로 만들어 나열해보면 금방 알 수 있다. 자르다, 깎다, 지지다, 볶다, 으깨다, 끓이다, 삶다, 뚫다, 빨다, 짜내다, 갈다, 썰다, 조이다 등등. 거의 호러 수준이다.

    하지만 도구는 도구일 뿐. 도구와 무기는 메커니즘이

지향하는 바가 다르다. 도구의 메커니즘은 작업 대상을 지향하는 반면 무기의 메커니즘은 상대의 무기를 지향하니까. 부엌칼이 무사에게 어울리지 않고 검이 요리사에게 맞지 않는 것은 파괴력이 달라서가 아니라, 메커니즘이 달라서이다. 부엌칼은 다른 부엌칼을 의식하지 않고, 검은 자신이 베어야 할 대상에 따라 나뉘지 않는다. 가령 상대가 청년이냐 노인이냐 남성이냐 여성이냐 혹은 거인이냐 소인이냐에 따라 검이 달라지지 않듯이. 말하자면 부엌칼의 메커니즘은 동사를 지향하고(자르고 썰고 깎고), 검의 메커니즘은 명사를 지향한다(상대해야 할 검).

아마도 무기박물관 같은 데 진열된 장검이나 총포류 앞에 서면 아무 소리도 들리지 않으리라. 무거운 침묵만 흐를 뿐. 하지만 주방용 칼들이 진열된 곳에서는 얼마나 다양한 소리들이 들려오는지. 주방용품 코너를 나올 때쯤이면 귀는 먹먹하고 몸뚱이는 썰리고 잘리고 꿰뚫리고 갈린 것처럼 얼얼하지만 정신만은 더 또렷해진다. 상상력 때문일까?

책은 어떨까? 책의 메커니즘은 명사를 지향할까 아니면 동사를 지향할까? 문장들은 또 어떨까? 어떤 메커니즘을 지향할까? 주방용품 코너를 나오기 직전에 한참 동안 바라보았던, 세 개 한 세트짜리, 내 팔 길이만 한 산적꽂이를 떠올리며 나는 책과 문장들을 생각했다. 책과 문장들은 과연 어떤 것을 뚫고 꿰는 것인지. 그러다 마트를 빠져나올 무렵 나는 아차, 하고 돌아섰다. 내 바지!

칠집 김씨

어느 미술 대학의 교수가 저녁을 먹기 위해 작업실 근처 식당을 찾았단다. 작업복 차림인지라 깔끔해 보이는 식당엔 선뜻 들어서기 뭐해 할 수 없이 허름한 밥집을 찾아 들어갔는데, 의외로 음식도 입맛에 맞고 편안하더라나. 계산을 하려는데 주인아주머니가 "성이 어떻게 되우?" 하고 묻더라고.

"김입니다만……"

그건 왜 묻나 싶어 말끝을 흐렸지만 대수롭지 않게 여기고 나왔단다. 다음 날 그 집을 다시 찾아 역시 맛있게 밥을 먹고 계산을 하려는데 이번엔 주인아주머니가 노트를 한 권 내밀더라는 것.

알고 보니 그 집은 주변 상인들이나 공사 관계자들이 대놓고 밥을 먹는 집이었단다. 그제야 계산대 옆에 나란히 걸린 노트들이 눈에 들어왔는데, 표지에 '미쟁이 박씨' '샷시 최씨' '열쇄집 오씨' '수도 윤씨' 하는 식으로 맞춤법에도 맞지 않은 이름들이 삐뚤빼뚤 적혀 있더란다. 그리고 주인아주머니가 내민 교수의 노트에는 '칠집 김씨'라고 역시 삐뚤빼뚤하게 적혀 있더라나. 물감이 잔뜩 칠해진 작업복 차림이었던지라 주인아주머니가 넘겨짚은 것이다.

교수는 싱긋 웃고는 노트에 사인을 하고 나왔단다. '칠집 김씨'라. 생각해보니 괜찮았다. 음식 맛도 좋고 분위기도 편안해 계속 오고 싶어도 교수라는 사실이 알려지면 공연히 불편해지겠다 싶었는데 잘된 셈이랄까.

며칠 뒤 그 집을 다시 찾아 밥을 먹고 있는데, 아주머니가 조용히 다가와 속삭이듯 말하더란다.

"이봐요 김씨, 우리 집 차림표가 낡아서 그러는데 하나 만들어줄 수 없겠수?"

"예, 그러죠 뭐."

작업실로 돌아간 교수는 최대한 티가 나지 않게 밥집 분위기에 맞는 차림표를 만들어 다음 날 밥을 먹으러 가는 길에 가져다주었단다. 사인을 하려고 노트를 펼치는데 아주머니가 홱 빼앗아 가더라나.

"오늘은 공짜유. 차림표도 만들어줬는데 돈 받으면 내가 염치가 없지."

"그러세요 그럼. 잘 먹었습니다."

그 뒤로도 그 집을 종종 찾았는데 갈 때마다 자신이 만든 차림표가 떡하니 걸려 있는 걸 보면서 뿌듯해했단다. 부끄럽지 않게 '밥값'을 한 작품 같아서 그랬다나.

2000년쯤인가, 이 교수가 갔을 법한 어느 허름한 밥집에서 밥이 나오기를 기다리는 동안 옆 탁자에 놓인 신문에서 본 칼럼의 내용이다. 난데없이 '칠집 김씨'가 된 문제의 미술 대학 교수가 썼고 기억에는 제목도 '칠집 김씨'였지 싶다. 당시에는 '그 밥집이 이런 집이었던 모양이지' 하고 재미있어 했을 뿐인데, 그 뒤로 가끔 그때 읽은 칼럼이 되새겨질 때가 있다. 특히 요즘처럼 피로가 가시지 않아 몸과 마음이 연신 까무룩 가라앉기만 할 때는. 내가 먹는 음식에만 유독 피로 물질이 잔뜩 섞여 있기라도 한 것처럼 하루 종일 모래주머니를 차고 다니는 기분이다. 머릿속도 개운치 않고.

이럴 땐 내가 '칠집 김씨'였으면 좋겠다. 실제로 칠집을 운영하는 김씨 성을 가진 사내가 아니라, 칼럼에서처럼 엄연히 존재하지만 실존하지는 않는 그 '김씨'. 아니면 어디 가서 딱 한 달만 '김씨네 칠집'이라는 간판 내걸고 하루 종일 빈둥거리다 하루에 한 줄씩 된장찌개 얼마, 김치찌개 얼마 이렇게 삐뚤빼뚤 차림표 글씨나 쓰다 오면, 왠지 밥값 제대로 할 것 같기도 하고……

나열하는 자의 슬픔

슬픔이 자신을 드러내는 방식은 무언가를 끊임없이 나열하는 것이다. 예고 없이 찾아드는 오열로 슬픔을 처리하지 못하고 오랜 슬픔에 붙들려 있는 자는 무언가를 하염없이 나열한다. 눈앞에 보이는 것들을 나열하고, 보이지 않는 것들을 나열한다. 그것은 의미 없는 행위에 불과하다. 굳이 의미를 찾자면 보이는 것과 보이지 않는 것에서 중심을 뺏는 것이랄까. 분노나 희열에 사로잡힌 자가 중심에 집착하는 것과 달리 슬픔에 잠긴 자는 그 중심이 버겁기만 하다. 하여 한 발 물러서서 무심히 나열하는 행위를 통해 중심의 의미를 지운다. 그리고 종국에는 스스로를 나열의 대상으로 삼기도 한다.

간혹 도서관에서 교정지를 들여다보고 있다가, 혹은 도서관 밖 벤치에 앉아 있다가, 그 자세 그대로 내 몸이 굳어지는 것을 느낄 때가 있다. 더 이상 내가 내 몸을 자유롭게 움직일 수 없다는 두려움에 휩싸이는 것이다.

어떤 때는 삼십 초에 불과하지만, 어떤 때는 오 분 가까이 그 두려움에서 벗어나지 못하기도 한다. 고개를 약간 기울이거나 세운 채로 혹은 펜을 손에 쥔 채로, 아니면 다리를 꼰 채로 영원히 그대로 굳어질 것만 같다. 그러다가 나는 깨닫는다. 내가 마침내 스스로를 나열하기 시작했다는 것을. 아니, 슬픔이 나를 나열하고 있다는 것을.

    내가 처음으로, 무언가를 나열하는 자의 슬픔을 목격한 것은, 어릴 때 할머니를 통해서였다. 아침에 일어나 밤새 컵 안에 넣어두었던 틀니를 꺼내 정성스레 닦아 입에 물고 산발이 된 허연 머리를 참빗으로 세심히 빗어 넘기고 나면, 할머니는 방바닥에 군용 모포를 가지런히 깔고 그 위에 화투짝을 늘어놓았다. 공산, 매조, 매화, 흑싸리, 난초……
할머니는 그렇게 당신의 오랜 슬픔을 한 장 한 장 나열하는 것으로 하루를 시작했다. 고백하자면 나는 그 시절로부터 한 발짝도 나아가지 못했다. 몸은 나이를 먹었지만 마음은 한 살도 더 얻지 못한 것이다. 얼마나 오래 사는지 모르겠지만, 한 가지 바람이 있다면 어린 시절 할머니와 함께 맞았던 그 아침을 죽기 전에 다시 한 번 맞고 싶다. 틀니를 끼고 허옇게 센 머리를 빗고 앉아 화투짝을 늘어놓던 할머니 곁에 누워 말없이 천장의 사방무늬를 하나 둘 세던 그 시절의 나와 화해하고 싶은 것이다.

    그럴 수가 없다는 것을 알기에, 나는 이옥(李鈺)이라는 조선 후기의 선비가 쓴 글을 통해 당시의 슬픔을 다시 겪는다.

나열을 통해 자신의 슬픔을 전할 수밖에 없었던 자. 자신의 군주인 정조에게서 중심을 뺏으려 했던 자. 자신이 배운 것에서는 아무것도 볼 수 없었고, 자신이 본 것에 대해서는 아무것도 알지 못했던 자. 배운 대로 쓰라는 정조의 엄명에 본 대로 쓰겠노라고 맞섰지만, 자신이 무엇을 보고 있는지도 알 수 없었던 자.

하긴 그가 세상에 대해 뭘 알았겠는가. 이른바 경화세족(京華世族)의 자제였고 성균관 유생이었던 자다. 말하자면 자신의 시대에서 상위 1퍼센트에 속했던 셈이다. 조선의 서울이 처음으로 북경과 동경을 잇는 문화 벨트에 속했던 시기에 그 중심에 놓였던 자이다. 조선의 필부보다 북경의 지식인들에게 더 친화력을 느낄 수밖에 없었던 자이다. 마치 강남에서 태어나 강남에서 자라고 그곳에서 직장을 얻은 자가 수도권에 사는 나나 저 지방도시에 사는 촌부보다 뉴욕 맨해튼이나 파리에 살고 있는 사람들에게 더 친밀감을 느끼는 것처럼.

자신이 배운 것의 두께는 누구보다 잘 알았지만 배운 대로 쓰기는 죽기보다 싫었고, 다만 본 대로 쓰고자 했으나 자신이 본 것의 두께는 알 수 없었기에 그저 나열할 수밖에 없었던 자의 슬픔. 나는 이옥의 글에서 그런 슬픔을 본다. 특히 방 안에서 문구멍으로 내다본 장날의 시장 풍경을 묘사한 「시기(市記)」라는 글이 그렇다.

"소와 송아지를 몰고 오는 자, 두 마리 소를 끌고 오는 자, 닭을 안고 오는 자, 문어를 끌고 오는 자, 돼지의 네 다리를 묶어서 메고 오는 자, 청어를 묶어서 오는 자, 청어를 엮어서 늘어뜨려 가져오는 자, 북어를 안고 오는 자, 대구를 가져오는 자, 북어를 안고 대구나 혹 문어를 가지고 오는 자, 담배풀을 끼고 오는 자, 땔나무와 섶을 메고 오는 자, 누룩을 짊어지거나 혹 이고 오는 자, 쌀 주머니를 메고 오는 자, 곶감을 끼고 오는 자, 한 권의 종이를 끼고 오는 자, 접은 종이를 손에 들고 오는 자, 대광주리에 순무를 담아 오는 자, 짚신을 늘어뜨려 들고 오는 자, 새끼로 꼰 신발을 들고 오는 자, 큰 베를 끌고 오는 자, 목면포를 묶어서 휘두르며 오는 자, 자기를 끌어안고 오는 자, 분과 시루를 짊어지고 오는 자, 자기를 겨드랑이에 끼고 오는 자, 나무로 돼지고기를 꿰어 가지고 오는 자, 오른손으로 엿과 떡을 움켜쥐고 먹는 아이를 업고 오는 자, 병 주둥이를 묶어서 허리에 차고 오는 자, 물건을 짚으로 묶어서 가져오는 자, 버드나무 광주리를 짊어지고 오는 자, 소쿠리를 이고 오는 자, 표주박에 두부를 담아서 오는 자, 주발에 술이나 국을 담아서 조심스럽게 오는 자가 있다."

(설흔, 『멋지기 때문에 놀러왔지』, 창비, 2011 중에서)

자신이 묘사한 저 많은 필부들의 삶을 그는 전혀 알지

못했다. 장에 송아지며 청어며 도자기며 술병을 가지고 올 수밖에 없는 그들의 처지를 이옥은 짐작조차 할 수 없었을 것이다. 그러니 그는 나열할 수밖에 없다. 다만 그 나열에 최선을 다하는 것밖에 달리 그가 할 수 있는 것은 없었다. 자신이 배운 사문(斯文)의 이치를 토대로 필부들의 삶을 재단할 수도 있었겠지만, 그건 자신이 본 것을 눈앞에서 지워버리는 짓이란 걸 누구보다 잘 알았기에, 이옥은 자신이 그 두께와 깊이를 헤아릴 수 없음에도 불구하고 눈앞에 보이는 것을 보이는 그대로 묘사했다. 그래서 얻어진 것이 내가 이제껏 본 글 중에서 가장 슬픈 글인 「시기」이다.

이옥이 쓴 글의 행간에서 나는 스스로를 나열의 대상으로 삼으려는 그의 욕망을 본다. 그것은 세상에서 중심을 뺏고자 하는 욕망이며, 나아가 자신의 중심조차도 뺏으려는 욕망이 아닐까. 두렵고 겁나는 일이지만, 나는, 내 몸이 굳어지는 순간을 경험하면서, 한편으로는 소스라치게 놀라면서도 한편으로는 이 순간이 그대로 지속되었으면 하고 바랐던 것은 아닌가 생각해본다.

치욕과 사랑

오랜만에 교정지가 없는 주말을 맞게 됐다. 파일 상태의 원고를 봐야 하지만 집에서 컴퓨터로 보면 그만이니 굳이 도서관까지 갈 필요는 없다. 그것만으로도 어쩐지 해방된 기분이다. 게다가 함박눈 때문에 발이 묶인 상황이라면.

하루 종일 컴퓨터를 켜놓고 파일 상태의 원고 교정을 보다가 지루해지면 텔레비전을 보고 그도 마땅치 않으면 밖으로 나가 눈을 쓸며 시간을 보냈다. 중간에 잠깐 어제 도서관에서 빌려온 성경책을 펴고 「창세기」를 읽기도 했다. 그 때문인지 고작해야 골목 앞의 눈을 치웠을 뿐인데 마치 세상을 쓸어버리고 올라온 기분이었다. 그것도 몇 번씩이나.

어쩐지 우울증은 「창세기」의 여호와 하나님으로부터 비롯된 것만 같다. 하루 하루 세상을 만들어가는 그의 모습이 전혀 즐거워 보이지 않는다. 보시기에 좋았더라. 모세가 전하는 여호와의 반응은 이게 다다. 단지 보기에 좋으라고 이런 세상을 만들었다는 것이 나를 우울하게 만든다. 하지만 한편으론 의문이 들기도 한다. 에덴동산이 언급되기 전과 그 후의 맥락이 자연스럽게 연결되지 않는 것도 그렇고. 게다가 인간을 만든 여섯째 날에 여호와는 "우리의 형상을 따라 우리의 모양대로 우리가 사람을 만들고"라고 말한다. 우리라. 누굴 말하는 걸까.

여섯 날 동안 세상을 만들던 때와 달리 따로 에덴동산을 만들고 아담을 그 안에서 살게 할 때의 여호와는 갑자기 다른 신이 된 것처럼 적극적이다. 아담에게 각종 동식물들을 만들어 보여주면서 이름을 짓게도 하고 그가 외로울까 봐 하와를 만들어주기도 한다. 단지 보기에 좋은 데서 그치지 않고 정성을 다하는 모습이다. 어쩐지 불안해 보이기도 하고 뭔가에 쫓기는 것 같기도 하다. 자신을 실망시킨 아담과 하와를 에덴동산에서 쫓아내면서도 그들에게 가죽옷을 만들어 입히는 대목에서는 자못 두려움마저 느껴질 정도다. 말하자면 에덴동산은 순전히 여호와 하나님만의 세계였다. 그 누구도 침범할 수 없는 그만의 영역. 그러니 그냥 세상이 아니었던 것이다. 반면 여섯 날 동안 만든 세상은 그냥 세상이었을 뿐이다. 무슨 일이 있었던 것일까. 저 일곱째 날에 여호와에게는 무슨 일이 있었기에 그저 보기에 좋을 뿐이었던 세상에 자신만의 영역을 만들고 애써 아담의 신이 되려고 한 것일까.

불경스러운 상상력은 이쯤에서 그만두자. 다만 「창세기」 중에서 이 대목이 가장 무시무시한 대목인 것만은 분명하다.

차마 발설할 수도 없을 만큼 끔찍한 일이 숨겨져 있는 것이다(이 대목에 견주면 발설할 수 있는 내용을 적었을 뿐인 소돔과 고모라 이야기는 그다지 무시무시하지 않다). 신들을 주재하며 다른 신들에게 관심을 쏟던 여호와 하나님이 갑자기 세상과 인간에게 눈을 돌리게 된 계기…… 무엇일까.

힌트가 아주 없지는 않다. 에덴동산에 심은 두 그루의 나무. 선악의 나무와 생명의 나무. 선악의 나무에 열린 과실을 따먹은 아담과 하와를 에덴동산에서 내쫓으면서 여호와는 이렇게 말한다.

"보라 이 사람이 선악을 아는 일에 우리 중 하나 같이 되었으니 그가 그의 손을 들어 생명 나무 열매도 따먹고 영생할까 하노라."

아담과 하와가 선악의 나무에서 열매를 따먹고 처음 보인 반응은 수치심이었다. 스스로를 의식하기 시작한 것이다. 그 상태에서 영생한다면 그들은 신이 되는 셈이다. 여호와가 에덴동산에서 아담과 하와를 내친 이유는 자신의 뜻을 거슬렀기 때문만도 선악의 나무에 열린 과실을 따먹었기 때문만도 아니었다. 그건 자신의 뜻을 거스르고 선악의 나무에 열린 과실을 따먹은 데다 이제 생명 나무 열매까지 따먹을 참이었기 때문이다. 그들이 스스로 신이 된다면 다시 한 번 끔찍한 일이 벌어질 터였다.

또 하나는 노아에게 방주를 만들라고 지시하기 전에 여호와가 자신이 만든 세상에 대해 분노하는 대목이다.

사람이 땅 위에 번성하기 시작하자 그들에게서 나온 딸들이 하나님의 아들들과 부부가 되면서 세상이 죄악으로 가득하게 되었다. 말하자면 여호와의 인간과 다른 인간들이 섞인 것이다. 다른 인간들이라면 그가 그저 '보기에 좋았더라' 하며 만든 인간들일 테고 아마도 다른 신들의 영향이 미친 인간들이리라. 여호와는 말한다.

"내가 창조한 사람을 지면에서 쓸어버리되 사람으로부터 가축과 기는 것과 공중의 새까지 그리하리니 이는 내가 그것들을 지었음을 한탄함이니라."

실로 가공할 만한 분노다. '보기에 좋았더라' 했던 자신의 창조물들을 일거에 쓸어버리고자 하는 분노. 아벨을 죽인 가인까지도 끝내 보호했던 여호와였다. 비록 가인이 바친 생산물을 외면할 만큼 아벨을 편애했지만 아담과 하와처럼 그저 가인을 내쫓는 것으로 그쳤던 여호와였다.

어디 그뿐인가. 아담과 하와에게 가죽옷을 입혔듯이 가인을 내쫓으면서도 가인을 죽이는 자는 벌을 일곱 배나 받으리라고 명하고 가인에게 따로 징표를 주어 모든 사람에게서 보호받을 수 있도록 했다. 그런 여호와 하나님이 노아를 통해 세상을 쓸어버리고 다시 만들려고 한다. 이를테면 두 번째 창세인 셈이다.

하지만 두 번째 창세를 마치고도 여호와 하나님의 불안은 가시지 않는다. 아브라함에게 아들인 이삭을 희생물로 바치라고 명령할 정도로 무언가를 끊임없이 시험하려

하고 분명한 약속을 받아내려 애쓴다. 아브라함까지는 장자를 선택했다가 이삭과 요셉에 이르러서는 꼼수를 쓰게 하면서까지 굳이 장자를 피하고 이런저런 시험을 통해 그들을 택한 것도, 요셉을 애굽 땅으로 이끈 것도 어쩐지 불안의 징표인 것처럼 보인다.

어떤 일 때문인지는 모르겠으나 여호와 하나님은 여호와의 사람들을 선택했고 그들에게 번성하게 해주겠노라고 약속했다. 엿새 동안 세상 만물을 창조하고 인간에게 그 만물을 다스리게 하면서 자못 여유 있게 한 발 물러나 '보기에 좋았다'고 하던 「창세기」 초기의 여호와와는 사뭇 다른 모습이다. 그리고 「출애굽기」에 이르러 모세를 통해 다른 신을 섬기지 말라고 명함으로써 비로소 유일신으로서 자신을 세우기에 이른다. 이때의 여호와야말로 모든 불안을 잠재우고 마침내 신의 모습을 한 여호와 하나님이다.

하지만 신의 입장에서 보면 나 외에 다른 신을 섬기지 말라고 명령해야 하는 것은 더할 수 없는 치욕이다. 무슨 이유 때문인지 모르겠으나 여호와는 이런 치욕을 감수했다. 그저 한 발 물러나 신의 자리에 머물 수도 있었지만 굳이 자신만의 사람을 선택하고 약속과 시험을 통해 그들을 단련시켰으며, 모세를 반석으로 삼아 그들을 오직 여호와만을 섬기는 사람들로 만들었다. 말하자면 여호와는 굳이 하지 않아도 될 일을 치욕을 감수하면서까지 한 것이다.

나와 아무런 상관이 없는 사람과는 약속 같은 건 하지 않는다. 힘으로 눌러버리면 그만인 존재들과도 굳이 약속을 할 필요가 없다. 약속이란 일방적인 명령이 아니라 합의이니 상대를 인정하지 않고는 할 수 없는 것이기도 하다. 여호와는 그가 굳이 상대할 필요도 없는 존재들과 약속을 맺기 위해 치욕을 감수했다. 아담을 만들어 그에게 세상 모든 생물의 이름을 짓게 했으며 그의 여자까지 손수 만들어주었을 뿐만 아니라, 그들이 뱀의 유혹에 빠지는 것까지 지켜봐야 했다. 그러면서도 그들을 보호해야 했다. 심지어는 자신에게 대드는 가인까지 일일이 챙겨야 했다(맏이로 태어난 사람이라면 가인이 아벨을 죽이고 나서 여호와 하나님에게 추궁 당할 때 한 다음과 같은 말이 낯설지 않을 것이다. "내가 내 아우를 지키는 자니이까." 이건 이런 대화를 상기시킨다. "동생은?" "몰라." "동생 잘 보라고 했지!" "내가 동생 보는 사람이야?").

그것으로도 모자라 자신이 만든 세상을 부정하고 그 일을 한탄하기까지 해야 했다. 그리고 그토록 형편없는 존재들에게 나 외에 다른 신을 섬기지 말라고 명령해야 했다. 이건 신이 겪을 수 있는 최악의 치욕인 셈이다.

도대체 여호와가 의도했던 것은 무엇이었을까. 아마도 이런 것이 아니었을까. 약속이란 지키기 위해 하는 것이 아니라 치욕을 감수하기 위해서 하는 것이라고. 그 치욕을 감수하면서까지 합의에 이르는 것, 그것이 바로 사랑이라고. 왜냐하면 여호와와 마찬가지로 나는 굳이 다른 존재들과

합의에 이를 하등의 이유가 없으므로. 나는 그저 다른 존재들을 무시하거나 가인처럼 죽여버리면 그만이다. 나는 그저 세상에서 한 발 물러나 보기에 좋았다고 말하면 그뿐이다. 하지만 세상을 새롭게 하고자 하는 자라면 누구든 여호와가 감수했던 그 심연과도 같은 치욕과 마주해야 하며, 누군가를 사랑하고자 하는 자 또한 그 치욕을 감수해야만 한다. 이것이 여호와가 우리에게 전해주는 사랑의 전부가 아닐까.

소설 이야기, 하나

내가 처음으로 도서관에서 책을 빌린 건 중학교 1학년 무렵이었다. 그때까지 내가 읽은 책이라곤 소년소녀 세계문학전집이라는 이름으로 묶인 책들이 다였다. 『닐스의 모험』 『돌리틀 선생 항해기(닥터 돌리틀)』 『하늘을 나는 교실』 같은 아동소설이나, 『삼국지』 『아라비안나이트』 『셜록 홈스』 등을 어린이용으로 축약한 것들이었다. 이런 책들을 반복해서 읽으며 놀았다. 도서관에서 다른 책을 빌려도 되고 친구와 바꿔 봐도 되었을 텐데, 그저 집에 있는 책들을 반복해서 읽기만 했다. 양복 재단사였던 아버지가 그 당시에 흔했던 전집 외판원에게 양복값 대신 받아온 책들이었다.

그 책들에 담긴 이야기는 하나같이 흥미진진했다. 어린 나를 푹 빠져들게 만들 만큼 충분히 매력적이었다. 아마도 그 때문에 반복해서 읽었으리라. 하지만 지금도 이해할 수 없는 것은, 그토록 재미있었다면 학교에서든 동네에서든 친구들에게 내가 읽은 책 이야기를 떠들어댔을

법도 한데, 그런 기억이 전혀 없다. 친구들을 만나면 숙제 이야기를 하거나 발야구를 하며 놀았을 뿐이다. 그리고 집에 돌아오면 방바닥에 엎드린 채 그 책들을 펼쳐놓고 읽었다. 아무래도 마냥 좋기만 했던 건 아닌 모양인데, 그 이유를 어렴풋하게나마 알게 된 것은, 처음으로 도서관에서 책을 빌리고 난 뒤였다.

집 근처에 있던 정독도서관 입구에 들어서면 바로 오른쪽에 보이는 붉은 벽돌 건물이 당시에는 대출실로 쓰였다. 어린이용 어른용 구분도 없던 시절이었다. 실내가 약간 어두웠고 먼지 냄새가 많이 났던 것으로 기억한다. 걸을 때마다 마룻바닥에서 삐걱삐걱하는 소리가 들려 공연히 마음을 졸이게 만들었다. 엄숙한 표정으로 앉아 있는 사서의 눈길을 받으며 서가를 돌아다니다가 내가 고른 책은, 지금은 제목도 기억나지 않는 '마사다'에 대한 책이었다. 로마의 지배에 맞서 마사다라고 불리던 요새에서 끝까지 저항하다 집단 자살한 유대인들의 이야기. 왜 그 책을 집어 들었는지는 나도 모르겠다. 판형이 작았던 것으로 기억하는데, 아마도 작은 책은 어린이용이라고 지레짐작했던 모양이다.

아무려나 지금 생각해봐도 중학교 1학년이 볼 만한 책은 아니었는데, 사서는 제지하기는커녕 내 얼굴도 제대로 확인하지 않았다. 그저 종이로 된 대출 카드에 이런저런 내용을 기재하고 별말 없이 내게 책을 내주었을 뿐이다. 무슨 내용이 담긴지도 모른 채 책을 들고 집으로 돌아와서는 바로 읽기 시작했다. 다 읽고 나서는 지체하지 않고 반납한 걸로 기억한다. 중학교 1학년짜리가 오래 간직하기에는 너무나도 무서운 책이었다. 어른들은 물론 당시의 나보다도 훨씬 어린 아이들까지 죽음으로 몰아넣은 그 집단적 신념이 나를 오그라들게 만들었다. 하지만 그건 묘한 쾌감을 동반한 오그라듦이었다.

그 책은 어린 내가 감당하기엔 지나치게 무겁고 무서운 이야기를 담고 있었지만, 최소한 나를 소외시키지는 않았다. 운 좋게 살아남아 마사다 이야기를 전했다는 노인과 아이들 몇을 제외하곤 모두 죽었으니까. 책을 덮고 나면 주인공들이 나만 남겨놓은 채 저희들 세상으로 돌아가버릴 것만 같은, 정말이지 더러운 기분을 느끼게 하는 다른 책들과는 사뭇 달랐다. 그때 알았다. 내가 집에 있는 책을 반복해 읽으면서도 이야기에 온전히 빠져들 수 없었던 이유를.

그건 소외감 때문이었다. 모험을 끝내고 기러기와 다시 자기 집 마당으로 돌아온 닐스는 그 뒤에 어떻게 살았을까. 다른 모험에 나섰을까. 어른이 되었을까. 눈을 감고 지구본 위를 연필로 찔러 연필심이 가리키는 곳으로 모험을 떠났던 돌리틀 선생과 주인공 꼬마는 나 모르게 또 다른 모험을 떠났을까. 땅위는 물론 바닷속 동물들과도 대화를 나눌 수 있었던 그들이니 어딘들 못 가겠는가. 그런데 왜, 주인공들이 멀쩡히 살아 있는데도 불구하고, 이야기는 그렇게 끝나버리고 마는가. 내겐 더 이상 '보여줄' 수 없는 말 못 할 사정이라도 있단 말인가. 나는 그들이 나를 밀어내고 있다고 느꼈더랬다.

하지만 마사다 이야기를 담은 책은 전혀 달랐다. 무엇보다 나를 밀어내고 저희들끼리 시시덕댈 상황이 아니었다. 그건 무서운 일이었지만, 묘한 쾌감을 선사하는 일이기도 했다. 그게 지어낸 이야기와 실화의 차이라는 걸 깨달은 건 그해 가을 내가 살던 동네에서 가장 큰 집의 주인이 총에 맞아 죽는 사건이 벌어지고 난 뒤였다. 내가 살던 집에서 채 2백 미터도 떨어지지 않은 곳에서 벌어진 일이었다. 무장한 군인들이 동네 근처에 서 있었고, 학교에 가는 길에 탱크와 맞닥뜨리기도 했다. 학교에서는, 그때까지 한 번도 그 주인의 이름을 들먹이지 않던 선생들이 마치 오랫동안 참았다는 듯 숱한 이야기들을 들려주었다. 그때는 혼란스러울 뿐이었지만, 시간이 지나면서 나는 차츰 깨닫게 되었다. 이야기란 현실에서 무언가 끝장났을 때 비로소 시작된다는 것을.

그해 겨울방학 동안 나는 집에 있는 책들을 거들떠보지도 않았다. 도서관에서 책을 빌리지도 않았다. 그리고 중학교 2학년이 되어서는 껄렁거리는 급우들을 따라다녔다. 방과 후엔 학원가를 기웃거리기도 하고 시내를 어슬렁거리기도 했다. 수업 시간은 물론 쉬는 시간에도 그 친구들과 함께 떠들고 장난치는 게 일이었다. 그러다가 동네 친구이기도 하고 같은 반 급우이기도 한 쌍둥이 형제와 교실에서 싸움이 붙었다. 나는, 어디서 그런 걸 배웠는지,

허리띠를 풀면서 "너희 둘 다 죽여버리겠어!" 하고 소리쳤다.
친구들을 믿고 의기양양했던 건지 아니면 정말로 누군가를
죽인다는 것의 의미를 알고 떠들어댄 건지 모르겠지만,
내 짝의 말에 따르면, 그 순간 내 눈에 살기가 가득했다는
것이다. 정체를 알 수 없는 분노가 어린 마음을 꽉 움켜쥔 채
좀처럼 놓아주지 않았다.

그렇게 뭔가 다른 존재로 살고 싶어 좌충우돌하던
시간은 생각보다 오래가지 못했다. 여름방학을 앞둔
어느 날 나랑 어울려 다니던 급우 둘이 깨진 유리를 들고
장난을 치다가 그만 싸움으로 번졌는데, 결국 유리 조각을
들고 있던 녀석이 다른 녀석의 옆구리를 찌르고 말았다.
순식간에 벌어진 일이었고, 이번엔 2백 미터가 아니라 바로
내 코앞에서 벌어진 일이었다. 찌른 친구도 찔린 친구도
코앞에서 그 모습을 바라본 나도 놀라긴 마찬가지였다.
다행히 병원으로 실려 갔던 친구는 일주일 뒤에 무사히
학교로 돌아왔다. 심장을 살짝 비껴갔노라는 얘기가 수군거림
속에 섞여 들려왔다.

여름방학이 끝나고 학교로 돌아갔을 때 나는 무섭도록
말이 없는 학생이 되었다. 그냥 멍한 표정으로 학교와
집을 왔다 갔다 했다. 고개를 푹 숙이고 걷다가 하굣길에
선배에게 경례를 붙이지 않았다는 이유로 길거리에서
뺨을 맞기도 했다. 무슨 생각을 했는지 기억나지 않는다.
그해 겨울 아버지는 또 양복값을 받지 못했고, 60권짜리

한국문학전집이 집으로 배달되었다. 이광수에서 시작되는 그 책들을 나는 겨울방학 동안 한 권씩 읽어나갔다. 그리고 교보문고를 다니며 용돈으로 책을 사기 시작했다. 톨스토이로 시작되는 소설책들을.

소설 이야기, 둘

어른들이 읽는 소설은 내가 그동안 읽었던 아동용 소설보다
더 흥미진진했다. 하지만 어쩐 일인지 소외감은 배가되었다.
아마도 내겐 낯설기만 한 말들이 구사되었기 때문이리라.
이광수에서 시작되는 한국 소설은 오래된 한국어로 쓰였고,
톨스토이에서 시작되는 외국 소설은 번역된 한국어로 쓰였다.
둘 다 내가 듣고 쓰는 말들과는 많이 달랐다. 무엇보다 모두
본격 소설이라는 형식에 담긴 이야기들이었다. 중학생을 위한
배려 같은 건 없었다. 게다가 전집에 속한 책들이라 각각의
작가를 따로 만난다는 느낌보다 굉장히 두꺼운 책을 순서대로
혹은 건너뛰면서 읽는 기분이었다. 어쨌든 그때까지 어디서도
들어보지 못한 이야기들이었고, 어디서도 들을 수 없는
말들이었다.

　　나중에 고등학생이 되어 읽은 사르트르의 소설
『구토』에서 나는 이런 문장과 만났다.
　　"아무것도 아닌 것을 신기하게 만들어서는 안 된다."

그때는, 아무것도 아닌 것을 신기하게 만드는 것이 글인 줄 알았더랬다. 지금 생각해보면 오히려 거꾸로다. 모든 글은 신기한 것을 아무것도 아닌 것처럼 보이게 만드는 신기한 것이다.

중학교 2학년 겨울방학을 보내면서 내가 느낀 소외감은, 소설의 주인공들이 나만 남겨놓고 저희들 세상으로 돌아가버릴 것 같아서가 아니라, 순전히 소설이라는 형식 때문에 얻어진 것이었다. 아무것도 아닌 것을 신기하게 만들었다가 다시 아무것도 아닌 것으로 만들어버리는 그 신기한 어법. 그것은 나를 더 이상 주인공과 함께하지 못하도록 만들었다. 중학교 2학년짜리가 사랑을 할 수도 없을뿐더러 전쟁터에서 사람을 죽일 수는 없었으니까. 나는 처음으로 독자라는 자리에 고정된 채 책을 읽어야 하는 처지가 되었다.

그때 처음, 소설 안에는 무언가가 아니라, 누군가가 들어 있다는 엉뚱한 생각을 하기 시작했다. 아무것도 아닌 것과 신기한 것 사이에서 어떤 의도를 가지고 놀고 있는 존재. 물론 당시에 내가 의도니 존재니 하는 말의 의미를 알았을 리는 만무하고, 다만 뭔가 기미를 느꼈다고나 해야 할까. 이야기가 끝난 뒤에 나를 소외시키고 저희들 세상으로 돌아가는 것이 아니라, 숫제 처음부터 저희들끼리 희희낙락하는 걸 지켜봐야 하는 데서 느낀 소외감을 어떻게든 상쇄하고 싶었던 모양이다.

그런 기미를 현실에서 분명하게 확인한 것은, 엉뚱하게도 학교에서 시험지를 마주했을 때였다. 이런 문제가 나왔다. '다음 중 무엇무엇에 대한 설명으로 맞지 않은 것을 고르시오.' 나는 답을 고를 생각은 하지 않고 문제의 문장만 반복해서 읽었다. '맞지 않은 것을 고르시오.' 재미있는 문장이었다. 맞지 않은 것이라면 틀린 것인데, 틀린 것이 답이 된다는 것이다. 덕분에 '맞는 것을 고르시오'라는 문장에서는 들을 수 없는 어떤 목소리를 담게 된 문장이었다. 나는 그 문장에서 담당 과목 선생의 목소리를 떠올리기도 하고 그의 엄숙한 표정을 상상하기도 했다. 뭔가가 개입되는 바람에 무성(無聲)의 밋밋한 문장이 갑자기 목소리를 얻게 되었고 무표정한 문장이 표정을 갖게 되었다. 아무것도 아닌 것을 신기하게 만든 것처럼 보였지만, 실은 굉장히 신기한 것을 아무것도 아닌 것처럼 위장하고 있는 문장이었다. 그래야 실수를 유도할 수 있으니까.

문장은 신기한 것이 될 수 없다. 어떤 문장이든 '맞지 않은 부분'을 골라낼 수 있기에 그렇다. 완벽하게 올바른 문장이라면 '맞지 않은 부분'이 없다고 말할 수 있기에 그렇다. 그 자체로 신기한 것이라면 맞지 않은 부분을 골라낼 대상이 될 수 없다. 그런 문장들로 이루어진 소설 또한 신기한 것이 될 수 없다. 잘 쓴 소설이라거나 재미있는 소설 혹은 형편없는 소설이라거나 재미없는 소설이라고 말할 수 있다면 신기한 것이 될 수 없다. 하지만 어떤 문장은 신기하게 보이고 어떤 소설은 신기하게 여겨진다.

이렇게 정리된 생각은 나중에야 얻어진 것이고 당시에는 문장에 들어 있는 그 누군가가 가진 의도를 전혀 이해하지 못했기에 신기했을 뿐이다. 이해력도 평균 이하였고 독해력도 떨어지는 학생이었다. 영어의 부정의문문에 답해야 할 때마다 늘 거꾸로 말하곤 했다. 말의 내용보다 말하는 형식을 이해하지 못했다. 소설의 내용보다 소설의 형식을 이해하지 못했던 것과 마찬가지였다. 그러다 보니 자꾸 엉뚱한 생각만 하게 되었다.

그러니 나는 아직 차분하게 소설을 읽을 준비가 되지 못한 셈이었다. 마사다 이야기가 내게 주었던 충격, 그러니까 현실이 끝장을 보았을 때 비로소 이야기가 시작되는 바로 그 경험이 내겐 한 번 더 찾아와야만 했다.

소설 이야기, 셋

중학교 3학년 겨울방학 때 친구를 따라 개척교회라는 데를 갔다. 어차피 연합고사를 치르고 난 뒤라 딱히 할 일도 없는 겨울이었다. 친구는 개척교회라고 표현했지만, 내 눈엔 무슨 비밀결사 모임 같았다. 삼선교 후미진 곳에서 다 허물어져가는 벽돌 건물을 빌려 쓰고 있었다. 잠깐 마사다를 떠올렸던가.

대학생 누나가 영어를 가르쳐준다는 친구의 말에 혹해서 따라간 건데, 실제로 대학생이 많기는 했다. 친구는 새로운 교회와 교리 어쩌고 하며 무척 상기돼 있었지만, 나는 그저 대학생들을 구경하는 재미에 다녔을 뿐이다. 신기했다.

하지만 그것도 오래가지 못했다. 불심판 같은 말도 안 되는 폭력이 아니라 하나의 진리가 종말을 이끌 것이라는 주장에는 잠깐 혹했지만, 역시나 이적이 어떻고 기적이 어떻고 하는 말이 나오면서는 흥미를 싹 잃고 말았다. 어렵게 대학에 들어간 사람들이니 제발이지 집단 자살 같은 건 하지 않기를 바라면서 발을 끊었다. 친구에겐 차마 그렇게 말하진 못했지만.

고등학교 1학년 겨울방학 때 그 친구를 길에서 우연히 다시 만났다. 반가웠다. 아직 죽지 않은 걸 보니 마사다 같은 집단은 아니었던 모양이라고 혼자 생각했다.

"크리스마스이브에 뭐 할 거야?"

친구가 물었다. 1년 만에 많이 느물느물해졌다. 바로 교회 이야기를 꺼내지 않는 건 그동안 익힌 전도 요령 중 하나인 모양이었다.

"꼭 뭘 해야 하는 건가?"

"교회 고등부에 예쁜 여학생들이 많이 들어왔거든."

"많이 늘었다, 너."

"농담 아니야. 뭐 다른 약속이 있다면 할 수 없고."

"약속이 있다고 얘기한 기억은 없는데."

약속 장소를 시내로 정하는 게 이상하다 싶었는데, 시내에 있는 제법 큰 빌딩의 한 층을 통째로 빌려 쓰고 있었다. 1년 만에 장족의 발전을 한 셈이었다.

"야, 너네 용 됐는걸."

"우리라고 해야지. 내년부턴 해외선교단도 꾸리게 될 거야. 너도 중요한 역할을 맡게 될 거고."

"우리 같은 소리 하고 있네."

공연히 사막의 요새 한 구석에서 몸을 잔뜩 웅크린 채로 곧 다가올 죽음을 기다리는 내 모습이 상상돼서 들으라는 듯이 이죽거렸다.

알고 보니 크리스마스이브를 맞아 친구나 지인을 한 명씩 데려와서 함께 밤을 새우는 행사였다. 사람들이 많았고, 서로 인사를 나누느라 부산스러웠다. 친구는 여학생들 앞으로 나를 끌고 갔다. 얼굴이 벌게져서 말도 제대로 못 하고 쭈뼛거리고 있는 내 옆에서 친구는 어때? 내 말이 맞지, 하는 표정을 지었다.

"반가워, 네 얘긴 훈이한테 많이 들었어."

여학생들이 차례대로 내게 손을 내밀었고 나는 멍청한 표정으로 그 손을 받다가 옆에 서 있는 친구 녀석을 노려보았다.

"아, 네가 작년에 우리 식구였다는 거. 이렇게 다시 돌아오니 반갑다는 얘기야."

졸지에 돌아온 탕아가 되어버렸다. 그래도 크리스마스이브를 여학생들과 그것도 밤을 새우게 됐으니 일단은 친구 녀석이 고마웠다. 어디 그뿐인가. 간단한 예배가 끝나고 새로 온 사람들을 소개하는 시간에, 당시 서울대 대학원에 다닌다는 전도사가 학교 선배라며 작가 A를 소개했다. 그 무렵 내가 반복해서 읽던 소설의 작가였다. 전집에 들어 있는 그의 소설집 화보를 통해 이미 익숙해진 얼굴이 바로 내 앞에 있었다. 말 그대로 기적이었다.

머릿속이 하얘져서 무슨 행사가 어떻게 진행되는지도 모른 채 시간이 지나가버렸다. 최고의 크리스마스 선물을

받았다는 생각뿐이었다. 그게 최악의 저주가 될 줄은 까맣게
모른 채로.

새벽녘이었다. 나름 행사의 대미를 장식할 순서로
준비했다는 게, 영매를 내세워 죽은 사람을 불러주는
거였다. 나는 구석에 앉아 길게 한숨을 내쉬었다. 누군가는
할아버지를 불러달라고 했고 또 누군가는 친구를 찾기도
했다. 영매로 불려나온 여학생은 해당자가 어디에 있는지
찾는 데 시간이 걸린다는 둥, 너무 심하게 욕을 해 말을
옮기기가 어렵다는 둥 말도 안 되는 얘기를 아무렇지도
않은 표정으로 해댔다. 당장 일어나 나가고 싶었지만 이미
차도 끊긴 그 시간에 고등학생이 갈 곳은 없었다. 야간
통행금지라는 게 해제된 지 채 1년도 안 되었을 무렵이었다.

구석에 찌그러져 있어야겠다 싶어 막 무릎을 감싸
안으며 몸을 접고 있는데, 작가 A가 불려나왔다. 나도
모르게 고개를 번쩍 들었다. 그의 얼굴에는 뭐랄까, 약간
상기된 듯하면서도 내가 짓고 있을 법한 표정이 그대로
그려져 있었다. 그래, 너희들 어디까지 가나 보자, 뭐 이런
표정이었달까. 나는 안심이 되었다. 하지만 그가 이미 죽고
없는 외국 작가를 불러달라고 당당히 말했을 때, 나는 다시
한 번 몸을 접었다. 그 외국 작가는 당시 내가 반복해서
읽던 작품을 쓴 또 한 명의 작가였다. 두 사람의 공통점에
막 주목하던 참이었다. 영매는, 그 외국 작가가 매우
고마워한다며 A가 세계에서 자신을 가장 잘 이해하는 일곱

명 중 한 명이라고 말했다면서 자기 일처럼 자랑스러워했다. 장내에 환호와 함께 박수 소리가 울려 퍼졌다. 그때, 나는 보았다. A가 아이처럼 환하게 웃는 모습을. 차마 못 볼 걸 보기라도 한 것처럼 나는 고개를 돌려버렸다.

아침에 나는 미련 없이 그곳을 나왔다. 그 뒤로 친구를 다시 보지 못했다. 물론 집단 자살 같은 걸 해서가 아니라, 따로 볼 일이 없었을 뿐이다. 중학교 친구였는데 고등학교가 달랐으니 일부러 찾지 않는 한 얼굴 볼 일이 없는 건 당연했다. A를 다시 볼 일은 더더군다나 없었고. 그럴 거라고 믿었다. 신문을 통해 그의 근황에 대한 이런저런 추측성 기사를 가끔 접할 수 있었다. 그렇다고 그의 소설까지 멀리한 건 아니었다. 늘 곁에 두고 읽었다. 하지만 내가 소설을 읽는 순간에는 그 소설의 작가는 이미 소설을 떠나고 없다는 생각을 굳히게 되었다. 물리적으로도 그렇잖은가.

대학을 졸업하고 조그만 잡지사에 다니던 어느 가을 오후, 사무실 건물 앞에서 담배를 피우고 거리를 오가는 차량들을 한참 쳐다보다가 다시 사무실로 올라가기 위해 막 엘리베이터에 올랐을 때였다. 내가 근무하는 사무실이 있는 10층 버튼을 누르고 문이 닫히기를 기다리는데, 입구에서 웬 중년 사내가 엘리베이터 쪽으로 허겁지겁 뛰어오고 있었다. 나는 반사적으로 열림 버튼을 누르고 기다렸다. 사내는 가까스로 엘리베이터에 타고는 고맙다는 말도 못 하고 구석에 선 채로 가쁜 숨을 내쉬었다. 쇳소리가 나는 호흡을 힘들게 들이쉬고 내뱉는가 싶더니 주머니에서 약병으로 보이는 플라스틱 통을 꺼내 그 안에 든 파란 액체를 조금씩 들이켰다. 그러다가 깜빡 잊었다는 몸짓으로 15층 버튼을 눌렀다. 15층엔 다른 잡지사가 있었다. 나는 문 앞에 선 채로 고개도 돌리지 않고 옆에 선 그 중년 사내의 행동을 곁눈질로 주시했다. 그는 나이가 들고 지칠 대로 지친 A였다. 10층까지 올라가는 동안 엘리베이터 안에는 정적과 그의 거친 숨소리가 교대로 퍼졌다. 나는 숨소리도 제대로 내지 못했다.

    10층에 내려 등 뒤에서 엘리베이터 문이 닫히는 소리를 확인하고 바로 옆에 있는 엘리베이터를 타고 다시 1층으로 내려갔다. 거리에 나와 담배를 연거푸 두 대나 피우고 근처를 하염없이 걸었다. 마음이 좀처럼 진정되지 않았다. 그냥 화가 났다. 세상에 대해 그리고 산다는 것에 대해. 그해 가을 나는 많이 우울했다.

    그때는 이미, 나로 하여금 무참하게 고개를 돌리게 만들었던 그의 행동도 이해할 수 있을 만한 나이였다. 그런 시대였으니까. 무언가에 기대지 않고는 견디기 어려웠을 것이다. 나는 운이 좋아 아무것도 모르는 중학생으로 혹은 고등학생으로 그 시대를 지날 수 있었을 뿐이다.

    하지만 기대야 할 대상이 기적 같은 거라면 쓸쓸해진다. 사르트르의 말마따나 아무것도 아닌 것을 신기하게 만들어서는 안 된다. 그건 사람을 또는 사는 일을 쓸쓸해지게 만드는 것이니까. 앉은뱅이가 벌떡 일어서고 장님이 눈을 뜨는 건 기적이 아니다. 그건 말하자면 위치 이동일 뿐이다. 벌떡 일어선 앉은뱅이는 삶의 무게 때문에 그 멀쩡해진 다리를 수도 없이 꺾었을지도 모르고, 눈을 뜬 장님은 차라리 못 보는 처지였더라면 하고 통한의 눈물을 쏟게 되었을지도 모른다.

    기적이란 우리가 눈치챌 수 없는 기미들, 그리고 그것들이 차곡차곡 쌓여 지금의 우리를 만드는 것, 그게 바로 기적이 아닐까. 아무리 알려고 애써도 도무지 알 수 없는, 그 아무것도 아닌 것의 힘. 그 누구도 신기하다고 말하지 않고 또 그럴 대상도 아니지만, 어느새 우리를 혹은 우리의 삶을 지금 여기에까지 밀어다놓은 그 작은 힘들.

    나는 그제야 소설을 조금이나마 이해할 수 있었다. 내 안에서 무언가가 끝장이 나버렸는데도 나는 주저앉지 않았다. 나를 지탱해준 건 신기하고 놀라운 기적이 아니라, 내가 그 하나하나에 이름조차 붙여주지 못할 만큼 작은 기미들이었다. 그것들이 쌓이고 쌓여 마침내 내 이름을 부여할 수 있는 삶이 되는 것처럼, 그 하나하나에 미처 이름을 부여할 수도 없는, 그야말로 아무것도 아닌 문장들이 쌓이고 쌓여 어느새 마땅한 이름을 얻는 이야기가 되는, 아무것도 아니어서 오히려 신기한 그 세계를, 비로소 실감히게 되었다.

우울한 편지

밤에 집에 돌아와서 텔레비전을 틀었다. 엠티브이의 「봄여름가을겨울의 숲」에서 유재하와 김현식 특집을 방송했다. 두 사람은 같은 날 죽었다. 유재하는 1987년 11월 1일, 김현식은 1990년 11월 1일. 유재하가 죽던 날 나는 철책에서 근무를 서고 있었고, 김현식이 죽던 날에는 아마도 학교에 있었을 것이다. 유재하는 스물여섯에, 김현식은 서른셋에 죽었다.

프로그램이 끝나고 유튜브에서 유재하의 「우울한 편지」를 찾아 다시 들었다.

우울한 편지

일부러 그랬는지 잊어버렸는지
가방 안 깊숙이 넣어두었다가
헤어지려고 할 때 그제서야

내게 주려고 쓴 편질 꺼냈네

집으로 돌아와서 천천히 펴보니
예쁜 종이 위에 써내려간 글씨
한 줄 한 줄 또 한 줄 새기면서
나의 거짓 없는 맘을 띄웠네

나를 바라볼 때 눈물짓나요
마주친 두 눈이 눈물겹나요
그럼 아무 말도 필요없이
서로를 믿어요

나를 바라볼 때 눈물짓나요
마주친 두 눈이 눈물겹나요
그럼 아무 말도 필요없이
서로를 믿어요

어리숙하다 해도
나약하다 해도
강인하다 해두
지혜롭다 해도
그대는 아는가요
아는가요

내겐 아무 관계없다는 것을

우울한 편지는
이젠……

　스물여섯에 죽었으니 많아야 이십대 초반에 이 가사를 썼을 텐데, 저 젊은 영혼을 저토록 지독하게 현재에 묶어둔 힘은 무엇이었을까. 슬픔이었을까. 아니면 체념이었을까. 그도 아니면 절망이었을까.

　여자는 걱정이 많았던 모양이다. 가방 안 깊숙이 넣어두었던 편지를 주저주저하다가 헤어지기 직전에 남자에게 내밀었다. 집에 와서 펴보니 '예쁜' 꽃 편지지에 자신의 걱정과 불안을 한 자 한 자 적었다. 남자는 그 편지를 읽고 역시 한 자 한 자 꾹꾹 눌러 적어 답장을 썼다. 남자는 그걸 '우울한 편지'라고 불렀다. 이젠 그만 받고 그만 쓰고 싶은 우울한 편지.

　사랑에 대한 걱정과 불안은 삶에 대한 걱정이나 불안과 다를 게 없다. 그건 아직 오지 않은 시간과 이미 지나간 시간에 대한 걱정이자 불안이다. 말하자면 아직 오지 않은 현재와 이미 지나간 현재를 사는 것이다. 남자는 그게 안타깝다. 서로를 바라보는 순간이 눈물겹다면 그걸로 족하고, 함께해야 할 현재는 오직 그 순간뿐이라고 믿기 때문이다. 당신과 내가 살아야 하는 현재는 바로 그 순간이라고.

　그러니 어리숙하고 나약하기만 한 내가, 혹은 우리가, 강인한 마음으로 지혜롭게 우리의 사랑을 지킬 수 있을지 모르겠다며 불안해하는 여자에게, 그건 자신과, 혹은 우리와 아무 관계없다고 말한다. 이건 무책임이나 자신감에서 나온 말이 아니다. 정말 아무런 관계가 없기 때문이다. 사랑을 지속할 수 있을지 걱정하는 건 이미 지나간 현재를 근거로 아직 오지 않은 현재를 걱정하는 것이다. 그런 마음으로는 지속은커녕 사랑도 얻을 수 없다. 사랑은 지금 현재에 와 있는데 왜 당신은 그 현재를 살려고 하지 않는가.

　이십대 초반이라면 영원한 사랑 운운했을 법도 한데, 유재하는 사랑의 현재성을 담담하게 노래하고 있다. 사랑이든 삶이든 그것이 영원히 변치 않기를 바란다면 방법은 오직 하나뿐이다. 현재를 살고 사랑하는 것뿐. 다른 방법은 없다. 사람은 어차피 죽을 수밖에 없는 존재니까. 이미 지나간 현재와 아직 오지 않은 현재가 어두운 그림자를 드리우지 못하도록 현재의 사랑을 지키며 서로를 안쓰러워하고 눈물짓는 것 말고는 달리 방법이 없다. 그것을 체념이나 절망이라고 불러도 좋다. 혹은 지독한 슬픔이라고 불러도 좋다. 하지만 사랑은 움직이는 거라는 둥 사랑의 유통 기한은 얼마라는 둥 비겁한 변명을 늘어놓는 것만큼 절망적이진 않다. 지독한 슬픔과 체념에 싸인 절망이, 비겁하고 천박한 절망보다는 좀 더 희망적이니까.

유재하는 1987년 8월 자신의 첫 번째 앨범 「사랑하기 때문에」를 내고 그해 11월 1일 새벽, 만취한 친구가 모는 차를 타고 강변북로를 달리다가 차가 중앙선을 침범하는 바람에 맞은편에서 달려오던 택시와 충돌해 사망했다. 나는 그때 철책에서 근무를 서고 있었다.

질문과 답

미국 수사 드라마 「크리미널 인텐트」의 고렌 형사가 미모의 의사에게 심리치료를 받게 됐다. 상황이 묘해졌다.

겉으로 보면 용의자의 심리를 파헤치다가 되레 자신이 미쳐버린 형사 꼴이지만, 산적 같은 생김새나 허우대와는 전혀 어울리지 않게 그가 용의자의 미묘한 심리 변화에 주목할 수 있었던 것은 예리한 수사 능력보다는 개인적인 상처 때문이었다. 어머니는 그가 어릴 때부터 정신분열증을 앓았고, 가족에게 상처만 주고 무책임하게 떠나버린 아버지는 연쇄살인범이었던 것으로 밝혀진데다, 하나뿐인 형은 도박과 마약 중독에 빠져 지내다 살해됐다. 그리고 어느덧 머리는 희끗해지고 몸은 부해진 채 늙어가고 있는 그 또한, 정신병원에 갇힌 채 죽어가고 있는 어머니를 보러 가는 시간을 빼고는 늘 혼자 지낸다.

밝고 긍정적인 감정에는 안테나가 전혀 작동하지 않지만, 억압되고 왜곡되고 비틀린 감정이나 심리를 만날 때면 아드레날린이 솟구치는 중독자처럼 행동하는 것이 그의 특기다. 당사자보다 더 정확하게 그 심리를 꿸 수 있는 건 분석의 힘이라기보다 직접 그 심리의 바닥까지 내려가보았기 때문이리라. 말하자면 물속에 빠져 허우적대는 사람의 발목을 잡고 주욱 끌어올리듯이, 억압되고 왜곡된 심리의 바닥까지 내려가 그 심리에 빠져 허우적대는 용의자의 발목을 잡고 수면 위로 주욱 끌어올리는 셈이랄까.

자신의 수사 도구 중 하나가 도서관이라고 말하며 늘 갖가지 책들을 섭렵하고 흡사 회계사처럼 자료들로 가득한 서류가방을 끼고 다니지만, 그는 심리분석가나 회계사는커녕 정신 나간 환자나 대책 없는 약쟁이처럼 굴기 일쑤다. 용의자의 물건을 함부로 만지고 산적 같은 얼굴을 느닷없이 들이밀어 용의자의 냄새를 맡기도 하고 곰 발바닥 같은 손바닥으로 책상을 쾅 하고 내려치기도 한다. 말을 하기 전에는 늘 표정을 이상하게 일그러뜨리면서 웅얼웅얼거리거나 양손을 지휘하듯 휘젓기도 한다. 누가 봐도 분노에 단단히 사로잡힌 사람처럼 보인다. 심리치료를 받으라는 지시가 내려질 만하다.

의사는 그런 고렌을 앞에 놓고 조심스럽게 이것저것 묻는다. 고렌이 되도록 많은 말을 하게끔 유도하려는 것이다. 하지만 고렌에게는 이런 분위기가 영 불편하다. 밝고 편안한 공간에서 미모의 의사와 마주앉아 마음속 이야기를 나누는 것은 그야말로 최악이다. 게다가 의사는 자신의 상관에게 고용된 사람이 아닌가. 의사는, 고렌과 의사와 환자로서의 거리를 두려고 애쓰고, 고렌은 자신이 용의자에게 했던 것처럼 상대와 강렬한 접점을 찾기를 원한다. 실제로 의사는 자기 자리에 다리를 꼬고 앉아 미동도 없이 시종일관 차분한 톤으로 말하는 반면, 고렌은 의사에게 바짝 다가앉았다가 갑자기 일어서서는 손을 휘젓고 목청을 높여 떠들기도 한다. 하지만 상대는 용의자가 아니다. 둘의 대화는 계속 어긋나고 만다.

결국 고렌은 쓸데없는 짓은 집어치우고 자신이 정상적인 삶을 살 수 있겠는지나 말해달라고 의사를 다그친다. 가령 당신 같은 미모의 여성과 연애를 하고 결혼도 할 수 있겠는지. 의사는 혹시 지금 나한테 관심을 보이는 거냐고 되묻는다. 고렌은 버럭 화를 낸다. 나를 뭘로 보는 거냐고. 서로가 각자의 방식으로 상대를 도발하고 있지만, 접점을 찾고 공감을 얻기는 쉽지 않다.

고렌은 차라리 용의자와 마주앉아야만 하는 어둡고 칙칙한 취조실이 마음 편하다는 걸 다시 한 번 확인했는지도 모른다. 그건 아마도 그 안에 있어야만 불안과 죄책감에 사로잡히지 않기 때문일 것이다. 가족 중 악에 물들지 않고 살아남은 건 자신뿐이다. 미쳐버린 어머니와 연쇄살인범이었던 아버지 그리고 중독자였던 형 사이에서 오직 자신만이 미치지도 살인을 저지르지도 도박과 약물에 중독되지도 않았다. 아직까지는 그렇다. 잘 버티고 있는 셈이다. 하지만 언제까지 그럴 수 있을까. 그게 그를 사로잡고 있는 불안의 내용이다.

　한편 의사 또한 고렌이 불편하기 그지없다. 용의자의 심리를 쥐락펴락한다는 형사. 그렇다고 자격증을 갖춘 심리분석가도 아니고 다만 깊은 상처를 가진 형사일 뿐이다. 의사에게 고렌은 말하자면 전형적인 환자이면서 동시에 전형적인 사기꾼이다. 어쨌든 자신의 영역을 허락 없이 침범해온 돌팔이니까. 둘 사이에 묘한 신경전이 벌어진다.

　상담 시간이 다 돼서 진료실을 나가기 전에 고렌은 의사에게 진료실 문을 가리키며 농담처럼 전해지는 물음 하나를 던진다. 천사가 지키는 문이 있고 악마가 지키는 문이 있다. 당연히 천사가 지키는 문은 천국으로 들어가는 문이고, 악마가 지키는 문은 지옥으로 들어가는 문이다. 한쪽에게만 단 한 가지 질문을 던질 수 있다. 단 천사는 오직 진실만을, 악마는 거짓만을 말한다. 어느 쪽이 천국으로 들어가는 문인지 알려면 누구에게 어떤 질문을 던져야 할까.

　세 번째 상담이 끝나고 의사는 고렌에게 다른 의사를 소개해주겠노라고 말한다. 고렌은 당신이 계속할 게 아니라면 더 이상 상담을 받지 않겠다고 맞선다. 고렌을 문까지 배웅하며 의사는 말한다.

　"지난번에 물었던 거 지금 답을 해도 되나요?"

　"물론이죠."

　"둘 중 아무에게나 가서 이쪽이 천국으로 들어가는 문이냐고 상대편에게 묻는다면 뭐라고 답할 것 같냐고 묻는 거죠."

고렌은 의사를 바라보다가 흡족한 표정으로
"맞아요"라고 말하고 문을 나선다.

천사의 생각을 악마에게 묻고 악마의 생각을 천사에게
묻는다? 그럴듯하다. 기만적인 질문에 기만적인 답으로
대응한 셈이다. 질문이 기만적인 이유는 문은 두 개인데 그
앞에 홀로 선 나는 오직 단 하나의 물음만 던질 수 있다고
한정했기 때문이고, 답이 기만적인 이유는 두 개의 문을 홀로
선 나처럼 하나로 합쳤기 때문이다.

하긴 대개의 질문이 이런 식이다. 선과 악, 행복과 불행,
성공과 실패, 사랑과 미움, 영광과 좌절, 진실과 거짓 등등.
어느 길을 택할 것인가. 늘 우리 앞에 던져지는 질문이지만
답을 하기 전에 되물어야 할 것이 있다. 그 길이 왜 각각
따로따로 펼쳐져 있어야 하는 것이냐고. 나는 하나인데 왜
길은 꼭 두 갈래 길이어야만 하느냐고.

한편 「런던특수수사대」의 나이 든 형사는 알코올 중독
때문에 가족과 떨어져 홀로 지낸 지 오래다. 지갑에 딸 사진을
넣고 다닌다. 물론 지금은 더 이상 술을 마시지 않는다.
알코올 중독 때문에 고생하는 용의자를 만나면 자신의
경험을 들려주고 술을 끊은 지 1,327일째라고 밝히며 용기를
북돋워준다. 용의자를 다루는 걸 보면 고렌과는 영 딴판으로
마치 인자한 아버지나 큰형님 같다. 언제나 말쑥한 차림에

화를 내는 일도 거의 없다.

    술에 절어 사느라 가족에게 상처를 주고 결국 떠나게 만들었던 지옥 같은 시간에 비한다면 지금은 천국에서 하루하루를 사는 셈이다. 그런데 왜 그는 날짜를 세는 것일까. 아직 스스로를 믿지 못해서일까. 저 지옥 같았던 시간으로 되돌아갈지 모른다는 두려움이 아직도 그를 사로잡고 있는 것일까. 아무리 그렇더라도 천국에 들어온 시간을 세고 있는 것은 뭔가 어색하다. 마치 천국에서의 시간을 견디고 있기라도 한 것처럼.

    하지만 따지고 보면 그 형사야말로 천국에서의 삶을 온전히 누리고 있는 셈인지도 모른다. 매일 아침 잠에서 깰 때마다 하루씩 더해지는 새로운 날짜가 자신이 여전히 천국에서 살고 있음을 확인해줄 테니까. 말하자면 그는 지옥에서의 시간을 마치 족쇄처럼 발목에 차고 그 시간들을 질질 끌며 천국에 들어온 것이다. 그 덕분에 자신이 천국에서 살고 있다는 것을 매일 물어서 확인할 대상이 생겼다.

    다시 앞의 질문으로 돌아가보자면, 어느 쪽이 천국으로 들어가는 문인지 알아낸다고 해도 답이 얻어지는 것은 아니다. 가령 당신이 한쪽 문지기에게 다가가 여기가 천국으로 들어가는 문이냐고 저쪽 문지기에게 묻는다면 뭐라고 답할까요, 라고 물었다 치자. 천사라면 "아니라고 말할 겁니다"라고 답할 테고, 악마라면 "그렇다고 말하겠지" 하고 답할 게 뻔하다. 이제 어느 쪽이 천국으로 들어가는 문인지 알게 되었다. 뭐가 해결된 것인가. 당신 앞엔 여전히 두 개의 문이 놓여 있을 뿐이다. 천국으로 들어가는 문과 지옥으로 들어가는 문.

이 질문에서 가장 기만적인 부분은 천국으로 들어가는 문이 어떤 문인지만 알면 그뿐이라는 가정에 있다. 말하자면 선택의 문제가 아닌데도 불구하고 선택의 문제인 것처럼 교묘히 위장한 것이다. 내가 천국에 들어갈지 지옥에 들어갈지가 내 선택에 달렸다고 믿게 만드는 것이야말로 내게 지옥을 선사하는 것이 아니고 무엇이겠는가.

고렌이 마치 악령에 붙들린 것 같은 가족을 갖게 된 것은 그가 그런 가족을 선택했기 때문이 아니다. 알코올 중독에 빠져 지옥을 경험했던 형사 또한 스스로 지옥을 선택한 것이 아니다. 어쩌다 보니 그리 된 것이다. 어쩌다 보니.

그러니 이 문제의 정답은 선택하기를 거부하는 것뿐이지도 모른다. 아니면 두 개의 문을 그저 출구라고 여기는 것뿐인지도 모른다. 그래도 만일 당신이 이 기만적인 물음에 속고 싶어 한다면 나는 천국의 문이 어느 쪽인지 확인한 뒤에 지옥의 문을 열고 들어가라고 권하고 싶다. 하루하루 날짜를 세고 있어야 하는 천국보다는, 다만 결심만 하면 언제든 다시 천국에 갈 수 있다는 희망을 가질 수 있는 지옥이 훨씬 나을지도 모르니까. 물론 희망에 그칠 뿐이겠지만, 따지고 보면 그런 게 가장 희망다운 희망 아니겠는가. 희망이라는 단어에 더없이 걸맞은.

곤경에서 벗어나다

도서관 앞마당 뙤약볕 아래에서 남자아이 하나가 자지러지게 울고 있다. 다섯 살이나 됐을까. 한 마리 강아지처럼 그 자리에 쭈그려 앉은 채로, 무심히 언덕 아래로 내려가고 있는 엄마를 향해 숫제 악을 쓰다시피 한다. 아까 도서관을 나오면서부터 줄곧 엄마 다리에 매달리며 아이스크림을 사달라고 조르더니 결국 혼이 나고 말았다. 버릇을 고치기로 작심했는지 엄마는 아이를 혼자 두고 미련 없이 언덕을 내려가버려 내가 앉은 벤치에서는 보이지도 않는다. 엄마가 언덕 아래로 멀어질수록 아이의 울음소리는 점점 높아진다. 점강과 점층.

    나를 비롯해 도서관 벤치에 앉아 있던 어른들은 약속이나 한 것처럼 아이에게서 시선을 거두었다. 비록 엄마의 모습은 보이지 않지만 아이는 지금 혼자가 아니기 때문이다. 아이가 들으라는 듯 악을 쓰고 있는 건 우리에겐 보이지 않지만 아이의 시선에 아직 엄마가 들어 있기 때문이다. 아마도 엄마는 등을 보인 채로 최대한 천천히 언덕을 내려가고 있으리라. 제삼자가 섣불리 참견할 상황이 아니다.

아이가 영악하거나 이런 경험이 많다면 적절한 시점에 주위 사람들을 향해 시선을 돌릴 것이다. 엄마가 시야에서 사라지기 직전이나 멈춰 서서 돌아선 다음. 자신이 처한 입장을 알리고 지원군을 얻기 위해서. 하지만 아직 그럴 기미를 보이지 않는 걸 봐서는 엄마는 여전히 완고하게 등을 보인 채로 같은 속도를 유지하며 천천히 언덕을 내려가고 있는 모양이다.

순간 내 머릿속엔 엉뚱하게도 카프카의 소설을 읽고 비트겐슈타인이 했다는 말이 떠올랐다.

"이 사람은 자신의 곤경에 관해서 쓰지 않느라고
자신을 큰 곤경에 빠뜨린다."
(레이 몽크, 『루드비히 비트겐슈타인-천재의 의무』,
남기창 옮김, 문화과학사, 2001 중에서)

문장이 좀 그렇지만, 자신의 곤경에 대해 쓰지 않으려고 애쓰다가 외려 더 큰 곤경에 빠진 작가, 라는 의미겠다. 흥미로운 평이다. 진지한 평이었다면 말이다. 만일 비아냥거림이었다면 나는 비트겐슈타인을, 지금 내가 보고 있는 저 아이 앞에 세우고 싶다. 자신의 곤경을 온몸으로 드러내느라 곤경에 빠진 아이. 카프카와 달리 아이는 지금 꼼짝 없이 곤경에 붙들려 있다. 아니, 곤경이라는 늪에 빠진 것처럼 종국에는 아이 자체가 곤경이 될 지경이다.

곤경에 대해서 말하지 않으려다 빠져드는 곤경과, 곤경에 대해 끊임없이 말하다가 빠져드는 곤경, 어느 쪽이 더 버틸 만할까. 아니, 어느 쪽이 덜 고통스러울까.

나는 아이에게 다가가 이렇게 말해주고 싶었다.

"꼬마야, 이제 그만 일어나서 엄마한테 가. 네가 졌어. 엄마는 네가 처한 곤경에 대해 훤히 알고 있거든. 그러니까 이건 말이야 처음부터 불공평한 게임이야."

아이를 두고 다시 도서관으로 들어가려는데 저 아래에서 아이 엄마의 목소리가 크게 들렸다.

"빨리 안 내려와! 너 아빠한테 다 이른다."

그제야 아이는 못 이기는 척 일어나 언덕을 내려간다. 서러운 눈물을 뿌리면서. 비로소 곤경에서 벗어난 것이다.

4장

아름다운 구석

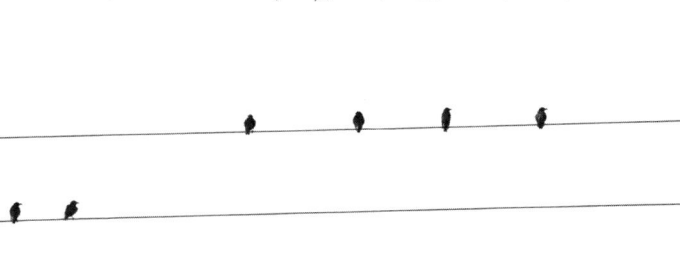

사랑의 감수성, 하나

슬라보예 지젝은 『시차적 관점』(김서영 옮김, 마티, 2009) 「간주 1」에서 헨리 제임스의 단편소설 「위대한 조건(The Great Condition)」 얘기를 들려준다. 내용은 이렇다.

한 남자가 여자에게 반해 사랑을 고백하려는데 여자의 과거와 관련한 안 좋은 소문을 듣게 된다. 여자를 찾아가 과거에 대해 솔직하게 말해준다면 당장 청혼하겠다고 하자 여자는 결혼하고 6개월이 지난 뒤에 솔직하게 밝히겠노라고 답한다. 결국 남자는 청혼하지 못하고 대신 남자의 친구가 여자에게 청혼한다. 자신은 과거 따위는 문제 삼지 않는다면서. 두 사람이 결혼하고 난 뒤 처음의 남자가 여자를 다시 찾아와 소문의 진상을 조사해봤더니 거짓이었음이 드러났다며 왜 진작 말해주지 않았느냐고 따져 묻자 여자는 오히려 자신의 남편에게는 그 사실을 알리지 말아달라고 부탁한다. 아내의 과거를 문제 삼지 않는 것이 남편에게는 고귀한 사랑을 하고 있다는 자부심을 주기 때문이라는 것.

직접 읽지 않았어도 소설의 멋진 구도가 자연스레 떠오른다. 세 인물이 각각의 꼭짓점을 차지하고 있는 사랑의 삼각형. 가운데에는 추문(醜聞)으로서의 사랑이 놓인다. 추문으로서의 사랑은 각각의 인물에게 다른 방식으로 기능하며 서로의 발목을 묶는다. 첫 번째 남자에게는 자신의 사랑을 더럽히는, 하여 말끔히 지워버려야 할 얼룩으로, 두 번째 남자에게는 넘어야 할 장애물이자 자신의 사랑을 시험할 리트머스 종이로, 그리고 여자에게는 그냥 추문 그 자체로……

첫 번째 남자가 견딜 수 없는 것은, 여자에게 문란한 과거가 있다는 사실이 아니라 그것이 추문이 되었다는 것이다. 그것은 관리되어야 할 자신의 사랑에 커다란 오점을 남긴다. 반면 두 번째 남자가 참을 수 없는 것은 그 따위 추문 때문에 자신의 사랑을 더럽히는 것이다. 그렇다면 여자는? 추문이 없는 사랑을 견딜 수 없다. 그것은 주목 받지 못하는 사랑이니까.

따라서 첫 번째 남자에게 사랑이 자기계발의 계기이고, 두 번째 남자에게는 자기완성의 도구라면 여자에게는 조련되지 않은 사랑 그 자체와 맞닥뜨리는 것이다. 아이러니하게도 세 사람 모두 추문이 필요하며 추문 때문에 사랑의 끈을 놓지 못한다. 여자가 남편에게는 진실을 밝히지 말아달라고 부탁하는 것은 따라서 이 게임을 계속하겠다는 의지의 표현일 뿐이다. 왜냐하면 여자에게 문란한 과거 따윈 있지도 않았다는 사실, 그러니까 추문이 정말 근거 없는 소문에 불과했다는 사실 또한, 여자 스스로가 확답을 하지 않고 미루는 이상 말 그대로 추문에 불과할 수 있으니까.

추문은 또 다른 추문을 낳을 뿐이다. 사랑이 또 다른 사랑을 낳는 것처럼.

사랑의 감수성, 둘

사랑이, 사랑을 표현하는 말과 사랑을 느끼는 감수성(감각)을 넘어서는 어떤 것이라면 그 순간부터 사랑은 지식의 영역으로 들어가버린다. 가령 『미토콘드리아』(닉 레인, 김정은 옮김, 뿌리와이파리, 2009)나 『우리는 모두 외계인이다』(제프리 베넷, 이강환·권채순 옮김, 현암사, 2012) 같은 책에서 다루는 지식이다. 『미토콘드리아』에서 저자는 '아포토시스'라는 세포 자살 명령에 대해 설명하면서 이렇게 말한다.

> "1930년에 데이비드 케일린이 발견한 시토크롬 c는 호흡연쇄를 구성하는 단백질 복합체로 호흡연쇄에서 복합체 III과 복합체 IV 사이를 오가며 전자를 전달하는 일을 맡고 있으며 평소에 미토콘드리아 내막 바깥쪽에 있는 막간 공간 근처에 매여 있다. 연구진은 아포토시스가 일어날 때 시토크롬 c가 미토콘드리아에서 떨어져 나오는 것을 발견했다. 미토콘드리아에서

빠져나온 시토크롬 c는 다른 물질들과 결합해 복합체를
형성한 뒤, 최후의 사형집행자 가운데 하나인 카스파제
3을 활성화시킨다. 미토콘드리아에서 시토크롬 c가
한번 방출되면 세포는 돌이킬 수 없는 죽음의 길로
치닫는다. 건강한 세포에도 시토크롬 c를 주입하면
같은 결과가 나온다. 다시 말해서 세포 죽음을 책임지는
아포토시스의 필수요소가 살아가는 데 필요한 에너지를
생산하는 호흡연쇄의 필수구성요소로 밝혀진 것이다.
세포의 삶과 죽음이 한낱 분자가 세포 안에서 어디에
위치하는지에 달려 있었다. 생물학에서 이처럼 야누스의
얼굴을 가진 것은 다시없을 것이다. 삶과 죽음, 그 둘
사이의 거리는 겨우 100만분의 2밀리미터였다."

그런가 하면 『우리는 모두 외계인이다』의 저자는
지구와 425광년 떨어진 베텔게우스라는 별에서 누군가
강력한 망원경으로 지구를 관찰한다면 우리의 모습이 아니라
16세기의 천문학자 티코 브라헤의 모습을 보게 될 것이라고
말하며 각주를 통해 이렇게 이죽거린다.

"여기서 꼭 하고 싶은 말이 있다. 사람들은 흔히 나쁜
행동은 '영원히 기록된다'고 말한다. 그런데 정말
그럴까? 조니가 수지를 때렸다. 조니는 아무도 본
사람이 없기 때문에 걱정하지 않는다. 그럴 때는 이렇게

이야기할 수도 있다. 내가 그것을 증명할 수는 없지만 누군가는 가능할 수도 있다고. 왜냐하면 그의 행동은 빛의 속도로 우주공간으로 나아가고 있기 때문이다. 기술적으로 거의 불가능하지만, 5천만 광년 떨어진 어떤 은하에서 누군가가 엄청나게 뛰어난 망원경으로 보고 있다면 5천만 광년 뒤에 조니의 행동을 볼 수 있다. 그러니까 '진실은 저 너머에 있다'는 말은 말 그대로 진실이다."

두 인용문 모두 다른 단어들과는 어쩐지 어울려 보이지 않는 단어들을 포함하고 있다. 삶, 죽음, 진실. 삶과 죽음이 100만분의 2밀리미터 떨어져 있다느니 진실은 5천만 광년 너머에 있다는 식의 말은, 삶과 죽음, 진실을 더 정밀하고 적확하게 정의 내리는 데 도움을 주기는커녕 헷갈리게 만들 뿐이다. 시토크롬 c가 생명의 필수조건인 호흡을 위해 기능할 때의 위치와 세포에게 자살 명령을 내릴 때의 위치 사이의 거리인 100만분의 2밀리미터는 더욱 정밀한 관찰을 통해 더 정밀한 값을 얻을 수 있을 것이다. 하지만 그렇다고 해서 삶과 죽음이 그 값에 비례하여 더 정밀한 의미를 갖는 것은 아니다. 마찬가지로 5천만 광년은 더 정밀한 천체망원경을 통해 지금보다 더 정확하게 측정될 수 있을 것이다. 하지만 그렇다고 해서 진실의 가치나 의미가 그 측정값에 비례하여 더 정확하게 측정되는 것은 아니다.

100만분의 2밀리미터나 5천만 광년은 지식의 영역에 속한다. 말하자면 그것은 우리의 감수성과는 직접적으로 연결되지 않는 영역이다. 고체화된 감수성이랄까. 사람들은 그것을 이성이라고 부른다. 논리가 딱딱한 이야기인 것처럼 이성은 딱딱해진 감수성이다.

이성으로 판단할 수 있는 지식의 특징은 보편상수를 갖는다는 것이다. 비록 개인적인 혹은 환경적인 변수를 갖지 않는 것은 아니지만, 보편상수를 갖는다는 것은 그래프 상에서 직선을 그리는지 곡선을 그리는지 아니면 쌍곡선을 그리는지 변수와 관계없이 미리 결정된다는 의미다. 하지만 삶이나 죽음 혹은 진실의 경우는 보편상수를 갖지 않는다. 오직 변수만 가질 뿐이다. 따라서 그래프 상에서 어떤 형태를 갖는지 전혀 예측할 수 없다. 예측이 불가능하다는 것은 우리가 그것들을 어떤 상황에서 어떤 상태로 받아들이느냐에 따라 매번 다른 그림을 그린다는 의미다. 삶과 죽음, 진실 그리고 사랑은 우리에게 매번 다른 것이 될 수밖에 없다. 그러니 그 크기를 재고 더욱이나 크기를 비교하는 것은, 2 더하기 2는 아침에는 4고 저녁에는 5이며 기분 좋을 때는 6이 되었다가 기분이 나쁠 때는 7이 된다는 말만큼이나 엉뚱한 것이다.

분노 또한 사랑과 마찬가지로 깔끔하게 정산될 수 없는 것이다. 분노를 유발하는 것은 상대의 어떤 행위지만 일단 분노가 생기고 나면 그 표적은 그 행위를 향하지 않고 다만 상대를 향할 뿐이기 때문에 그렇다. 말하자면 분노에게는 더 이상 왼뺨이나 오른뺨, 눈이나 이가 문제가 아닌 것이다. 어떤 장기가 되었든 상관없다. 문제는 그 장기들을 갖고 있는 상대일 뿐이니까.

그러니 어떤 의미에서 분노는 암세포와도 같다. 『미토콘드리아』에 따르면 암세포는 마치 독립생활을 누렸던 옛날의 세포를 그리워하는 것처럼 행동한단다. 유전자에 의해 한 치의 빈틈도 없이 확고하게 조직되어 강력한 협력 체계를 이룬 세포들 속에서 흡사 배신감을 느낀 외톨이처럼 제멋대로 군다는 것이다. 온몸으로 전이되는 상황에 이르면 그 분노가 어느 정도인지 가늠하기 어려울 정도다. 그 분노는 결국, 자신이 죽을 걸 뻔히 알면서도 숙주를 죽음으로 몰고 가는 데까지 이어진다. 이런 바보 같은 행동을 깔끔하게 설명할 도리도 없지만, 설명해낸다 해도 그 분노를 잠재울 수 있는 건 아니다. 왜냐하면 암세포에게 균형 같은 건 아무런 의미도 없으니까.

균형을 통해 남는 것 없이 깔끔하게 정산하고자 하는 바람은 정신수양법에 해당한다. 말하자면 그것은 정신력을 이용해 무언가를 억누르는 것이다. 분노든 미움이든 사랑이든. 가령 차변과 대변을 맞추는 부기나, 등호 혹은 부등호를 이용해 양변을 남는 것 없이 깔끔하게 정리하는 수식처럼. 이들의 공통점은, 무언가 남는 것에 대해 두려움을 갖고 있다는 것이다.

생물학이라고 빠질 수 있겠는가. 우리 몸에는 더 이상 기능하지 않는 유전자들, 그러니까 이미 도태돼버린 유전자들이 고스란히 남아 있다는 것이 생물학자들의 주장이다. 그들은 이런 유전자를 '쓰레기 DNA'라고 부른다. 어떤 역할을 하기에 사라지지 않고 남아 있는지는 아직 완전히 밝혀지지 않았다. 하지만 '쓰레기 DNA' 덕분에 해당 단위 생명체까지 이어져온 유전자의 역사를 알아낼 수 있노라고 생물학자들은 말한다('쓰레기'라고 이름 지어놓고 저희들은 잘도 이용해먹는다. 그럴 거면 다른 이름을 지어주든가). 이런 명명도 어쩌면 남는 것에 대한 두려움이 작용한 결과인지 모른다.

'쓰레기 DNA'가 그대로 남아 있다면 그 안에는 오랜 세월 균형을 통해 억압돼온 감정들 또한 고스란히 남아 있지 않을까. 썩 내키진 않지만 이들의 명명법을 따르면 '쓰레기 분노' '쓰레기 사랑' '쓰레기 미움' 등으로 분류될 수 있는 감정들. 정신수양법이니 처세니 하는 것에는 하등 관심이 없었던 감정들 말이다.

사랑의 감수성, 셋

「특수사건전담반」 두 번째 시리즈 아홉 번째 이야기는 '쓰레기 분노'와 '쓰레기 미움', '쓰레기 사랑'이 어떻게 균형을 이용해서 균형에 저항하는지 보여준다.

어둡고 퀴퀴한 지하 라이브바에서 다섯 명의 건장한 사내가 살해된 채로 발견된다. 모두 각자의 자리에서 영업을 준비하던 중 차례대로 당했다. 목격자이면서도 목격자가 될 수 없는 인물인 여자는 무대에 앉아 노래를 부르고 있었다. 여자는 시각장애인이다. 가장 늦게 출근한 사내 A가 현장을 발견하고 경찰에 신고했다.

범인은 무대에 앉아 노래를 부르던 바로 그 여자였다. 문제는 시각장애인인 여자가 어떻게 건장한 사내 다섯을 차례대로 죽일 수 있었느냐다. 정황증거들은 하나같이 여자를 범인으로 지목하고 있지만 자백을 받아내지 않는 한 기소가 불가능하다. 시각장애인 여성이 건장한 사내를 그것도 다섯씩이나 살해할 수 있다고 믿을 사람은 아무도 없으니까.

여자를 범인으로 지목하는 정황증거들은 이렇다. 사내 A에게 능욕을 당한 대가로 여자는 지하 라이브바의 무대에서 노래를 부를 수 있었다. 오랜 꿈이었다. 다른 사내에게 안마를 해주며 평생을 보낼 수는 없었다. 그렇게 지하 라이브바에서 일하게 되었다. 사장과 주방장 그리고 웨이터들이 앞을 보지 못하는 여자를 욕망하며 호시탐탐 노리는 음습한 환경에서 여자는 노래를 불렀다. 사내들은 여자의 탈의실 창문 바깥에 블라인드를 달았다. 모두 모여 여자가 옷을 갈아입는 모습을 훔쳐보기 위해서였다. 볼 수 없는 자와 볼 수 있는 자들. 불균형이 음습한 욕망을 자극했다.

아르바이트생이 들어왔다. 이 젊은 청년 B는 어떤 불균형이 지하세계를 지배하는지 본능적으로 깨달았다. 그는 여자를 동정하다가 사랑에 빠졌다. 여자는 그에게 남성용 스킨을 사주었다. 그가 어디에 있는지 알고 싶어서였다. 사내들은 B가 쓰는 남성용 스킨을 구입해 바르고 여자에게 접근했다. 여자는 치욕을 느꼈고 B는 분노를 느꼈다. B는 사내들에게 덤볐다가 몰매를 맞고 여자가 선물한 스킨을 벽에 던져 깨버렸다. 그리고 여자에게 말했다. 왜 그렇게 바보같이 사느냐고. 언제 어디서나 당신을 지켜줄 수는 없노라고.

여자는 스스로 자신을 지킬 수 있다는 것을 보여주고 싶었다. 그를 곁에 잡아두고 싶어서가 아니라 그를 편안하게 해주고 싶어서였다. 그 사랑이 여자에게 불균형을 깨닫게 해주었다. 형사는 말했다.

"대개 복수심에서 비롯된 살인에는 칼이나 야구방망이나 도끼 따위를 쓰지. 그래야 분이 풀리니까."

하지만 여자에겐 전기충격기와 목을 조를 끈이 전부였다. 분노가 약해서였을까. 아니다. 사후 처리를 할 수 없었기 때문이다. 옷에 피가 묻는다 해도 알아챌 수 없으니까. 분노를 잠재워야만 하는 대신 여자는 사내들에게 무언가를 고스란히 돌려줄 수 있었다. 그것은 차이를 지우는 행위다. 그들이 차이를 지우는 행위(똑같은 향의 스킨을 바름으로써)를 통해 여자를 능멸했듯이, 여자 또한 차이를 지움으로써 그들을 능멸했다.

불을 끈 것이다. 볼 수 있는 자들과 볼 수 없는 자신의 차이를 지우는 행위였다. 하지만 모든 균형은 정신 속에서만 이루어지는 것이다. 말하자면 그것은 허구다. 그 허구에 저항하는 실제의 불균형은 언제 어디서나 존재한다. 모두가 앞을 볼 수 없는 상황을 만들어 불균형을 균형으로 되돌린 것 같지만, 어둠에 익숙하지 않아 허둥댈 수밖에 없는 사내들에 비해(상수가 없다), 어둠에 너무도 익숙한 여자는 더없이 자연스러울 뿐이다(변수가 없다).

여자는 비상구를 가로막고 있는 맥주 박스 더미를 살짝 밀어놓았다. 수사에 혼선을 빚기 위해서였다. A나 B를 의심하게 되겠지만 그들에겐 알리바이가 있다. 수사는 난항에 빠질 테고 결국 완전범죄가 가능해진다는 것이 여자의 판단이었다. 하지만 한 가지 변수를 고려해 넣지 못했다.

자신이 앞을 보지 못한다는 사실.

　말했듯이 균형은 허구에 불과하다. 말하자면 불균형을 덮는 행위에 지나지 않는다. 모든 불균형을 일일이 다 지울 수는 없기 때문이다. 그것은 마치 단백질 아미노산 결합의 모든 경우를 일일이 적용해가면서 자연스럽게 진화가 이루어진다고는 상상할 수 없는 것과 같다. 만일 그럴 수 있다면, 즉 자연선택이라는 도약이 없다면, 초기 인류가 이 땅에 등장하는 시점은 지금으로부터 수십억 년 뒤가 될 것이다. 왜냐하면 그 모든 경우의 수를 다 헤아리려면 지구상에 존재하는 모든 분자 수의 수십 제곱 번만큼 헤아려야 하기 때문이다.

　B가 여자를 보호하기 위해 평소보다 일찍 출근해 있었던 데다 여자가 자신을 농락했던 웨이터 중 한 명이라고 짐작한 사내는 B에게 응징을 당해 병원에 입원해 있었다. 그러니까 여자는 자신이 사랑하는 B를 죽인 것이다. 그 사실을 알고 여자는 오열한다. '쓰레기 분노'와 '쓰레기 미움' '쓰레기 사랑'이 균형을 이용해 균형에 저항하려 했지만, 모든 불균형을 다 덮을 수는 없었기에, 결국 비극이라는 더 큰 불균형을 초래하고 말았다.

고량주와 까마귀

 오랜만에 지인과 짧은 산행을 했다. 춥지도 덥지도 않고 습기도 적당한 데다 일요일인데도 등산객이 많지 않아 이런저런 얘기를 나누며 여유 있게 오르기에 좋았다.

 바위는 습기를 머금어 거뭇거뭇했고 중턱의 폭포는 지난 한파에 꽁꽁 얼어붙어 마치 악 소리를 내다 굳어버린 커다란 입 같았다. 군데군데 살얼음이 낀 개울 아래로 바위틈을 타고 흘러내려온 물이 꿈틀꿈틀 움직였다. 봉우리에 오르니 저 멀리로 안개에 포박당한 채 무력하게 서 있는 도심의 아파트들이 보였고, 우리 머리 위로 낮게 내려앉은 잿빛 하늘에선 까마귀 떼가 무리 지어 날며 낯선 방문객을 경계하느라 바빴다. 그런가 하면 발밑을 받치고 있는 커다란 바위는 마치 허방인 듯 금방이라도 까무룩 꺼져버릴 것만 같았다. 키 작은 나무들이 바람의 방향으로 일제히 몸을 틀고 서 있었지만 어디에도 바람은 없었다. 그렇게 산 전체가 흡사 오래 비워둔 시골집의 부엌처럼 을씨년스러워 보였지만,

무궁화꽃이 피었습니다를 하는 아이들같이 우리가 내려가면 언제 그랬냐는 듯 다시 활기를 찾을 것만 같았다. 쉿, 모두 조용, 침입자다.

    해가 질 무렵에 정릉 쪽으로 내려왔는데 다리도 적당히 풀리고 몸도 노곤한 게 그만이었다. 개인적으로 좋은 공기를 쐬거나 탁 트인 시야를 경험하는 데서보다 하산 무렵의 노곤함에서 산행의 묘미를 찾곤 하는데, 이번 산행은 말하자면 그 묘미를 만끽한 셈이다.

    감자탕으로 저녁을 먹으며 소주를 몇 잔 곁들였다. 그동안 밖으로는 잠깐 비가 지나간 모양인지 전철역으로 향하는데 땅이 온통 까맣게 젖어 있었다. 노곤함에 술기운까지 더해진데다 집에 돌아와 따뜻한 물로 씻고 나니 나도 모르게 깜빡 잠이 들어버렸다. 깨어보니 한밤중이었다. 잠시 멍하니 앉아 있다가 그제야 배낭이 눈에 띄어 안의 내용물들을 하나둘씩 꺼내 정리하는데 웬 술병이 따라 나왔다. 빨간색 뚜껑과 초록색의 각진 병이 술병이라기보다 무슨 연적(硯滴) 같은 고량주 한 병.

    저녁 먹기 전에 들른 마트에서 지인이 사준 것이다. 가끔 새벽녘까지 잠이 오지 않을 때 혼자 소주를 홀짝인다며 작년 겨울처럼 공연히 사달이 나는 건 아닌지 걱정이라는 얘기를 했더니 "저도 가끔 술기운을 빌려 잠드는데 마셔보니 고량주가 괜찮더라구요. 두 잔 정도면 잠들 수 있거든요" 하고 지인이 맞장구를 쳤던 것. 등산복 차림의 중년 사내

둘이 마트에서 고량주 한 병씩을 배낭에 챙겨 넣는 모습이 썩 아름다워 보이진 않았겠지만, 나로서는 어쩐지 좋은 약재를 얻어가는 것처럼 비장해지기까지 했다. 고량주라, 고량주란 말이지……

그런데 배낭에서 꺼낸 술병의 라벨을 들여다보다가 잠깐 먹먹해졌다. 나도 모르게 손에 쥔 술병을 눈에서 멀찍이 떨어뜨리고 있잖은가. 가만있자, 이게 왜 안 보이지? 술병을 다시 눈 가까이 당겨놓고 이번엔 안경을 벗고 보니 그제야 글자들이 제대로 보였다. 이런…… 노안이 온 것인가. 노안이라, 노안이란 말이지……

뭐 좋은 거라고 기다리기까지 한 건 아니지만 그래도 마음의 준비는 하고 있었던 셈인데 막상 닥치고 보니 황망까지는 아니어도 좀 당황스럽긴 했다. 게다가 책이나 신문도 아니고 술병의 라벨을 읽다가 알게 되다니.

술병을 내려놓고 잠깐 상념에 젖었다. 아무래도 산에서 마주친 까마귀 떼가 내 눈 안으로 날아 들어온 모양이라고 생각했다. 나는 새벽녘까지 잠들지 못했지만 고량주를 마시지는 않았다. 어쩐지 술병을 따고 싶지 않았다. 술병 안에서 까마귀들이 밤새 무리 지어 날며 낯선 침입자를 경계하고 있었다. 세상이 죽은 듯 조용했다. 마치 무궁화꽃이 피었습니다를 하는 아이들처럼.

황두수 이야기

서울 지하철 2호선 합정역 쪽에 가끔 간다. 부근에 출판사가 있어서 순전히 일 때문에 오가는 것. 볼일을 마치면 다시 역으로 내려가기 전에 근처 편의점에서 아이스크림이나 음료수 따위를 사 먹으며 한숨 돌리곤 하는데, 비록 잠깐이지만 한낮 도심에서의 여유를 즐기는 셈이다. 그런데 그때마다 길 건너편의 이상한 간판이 눈길을 끈다. 5층짜리 건물 한 층 전면에 가로로 걸린 낡은 간판. 말이 간판이지 글자만 겨우 남아 간판이라고 하기에도 뭐한데다, 그 내용도 기가 막혀 내가 지금 21세기의 서울 한복판에 서 있는 게 맞나 싶어지게 만드는 그런 간판이다.

'축지법과 비행술.'

바로 옆에 15층짜리 고층건물이 붙어 있는데다 근처에는 또 새로 건물이 세워지느라 철골이 올라가고 있어서인지, 마치 5층짜리 건물이 도심 한복판에서 이마에 흰 머리띠를 질끈 동여매고 앉아 시위라도 벌이는 것만 같다. '축지법과 비행술'이라고 쓰인 머리띠를 두르고.

축지법이라. 갑자기 생각이 많아진다. 정말 저걸 가르치고 배운단 말인가? 서울 한복판에서? 건강이나 미용을 위해서는 아닐 테고 나라 전체가 반나절 생활권으로 좁혀진데다 디지털 기기가 날로 새로워지는 이때에 도대체 무슨 필요로? 간판 상태를 보면 오래전에 문을 닫아 간판만 덩그러니 남은 것 같긴 하지만 그래도 그 크기로 보면 한때는 제법 호황을 누린 것도 같은데…… 볼 때마다 미스터리다.

그러다가 문득 축지법의 사전적 의미에 생각이 닿았다. 축지법(縮地法)은 말 그대로 땅을 줄여 거리를 좁히는 도술이다. 사전에는 지맥(地脈)을 축소하여 먼 거리를 가깝게 하는 도술이라고 되어 있다. 속보(速步)나 비보(飛步)라고 하지 않고 굳이 축지라고 한 데는 그저 빨리 움직이는 비법만은 아니라는 의미가 숨어 있는 것이겠다. 말하자면 세상을 좁히는 비법인 셈인데, 그거라면 세상에 이미 만연하고 편재한 비법 아니겠는가. 지구촌 어디든 만 하루면 날아갈 수 있고 심지어는 굳이 가지 않아도 지구 반대편 소식을 앉은자리에서 속속들이 알 수 있는 세상이니까. 그러니까 지맥은 곧 세상의 맥이고 정보의 맥이 되는 셈이겠다. 그 맥을 축소해서 먼 거리를 가깝게 하는 도술이라면 우리가 매일 행하는 바로 그것이고.

그런데 내가 지금 바라보고 있는 저 간판은 왜 이다지도 낯설고 뜬금없는 것일까. 게다가 마치 시위를 벌이고 있는 것처럼 보이는 건 또 왜인지. 내가 날마다 행하고 있는 바로 그 도술을 가리키고 있는데 말이다. 똑같이 세상을 좁히는 비법인데 축지법과 정보기술이 그 정도로 다르단 말인가. 허무맹랑한 도술과 첨단과학이 만들어낸 기술이라는 차이 말고 또 뭐가 다른 걸까. 혹시 몸과 기계의 차이는 아닐까.

축지법에는 내 몸과 세상 사이에 아무것도 없는 반면 정보기술에는 매체가 끼어 있다. 몸이 직접 바람을 가르며 세상을 휘젓고 다녀서 이루어야 할 것을 정보기기가 대신 해주는 거니까. 한쪽이 몸의 한계를 뛰어넘는 모험이라면 다른 쪽은 기술의 한계를 뛰어넘는 혁신인 셈이다. 중심에 놓여 있던 몸이 어느새 손가락과 눈만 빼고는 쓸모없는 방해물이 되어버렸다.

돈이 지나는 자리에 풍속이 생긴다는 누군가의 말을 빌리자면, 몸이 부딪히며 지나는 자리에 이야기가 생긴다고 할 수 있는데, 그렇다면 몸을 쓰는 축지법에는 정보는 없는 대신 이야기가 있는 반면, 몸이 딱히 큰 역할을 하지 못하는 정보기술에는 정보는 넘치지만 이야기는 없는 것이 아닐까. 『서유기』나 『허풍선이 남작의 모험』 『닥터 돌리틀』 따위의 기담(奇譚)들이 사실은 모두 허풍을 떠는 몸과 관련된 이야기들이니까. 정확한 정보를 찾아내는 눈과 손가락으로는 만들어낼 수 없는 이야기. 그 차이겠다.

말하자면 '축지법과 비행술'을 포털사이트에서 봤다면 정확히 뭘 하는 곳인지 검색해서 확인하는 게 남겨진 일이라면, 나처럼 도심 한복판에서 이렇듯 간판으로 맞닥뜨릴 때는 상상력을 발동하게 된다고나 할까. 이를테면 건물 안으로 들어가 문을 열면 텅 빈 실내 한쪽 구석에서 머리가 허옇게 센 노인이 라면을 끓이고 있는 상상.

"어느 쪽이야?"

"예?"

"축지법이야 비행술이야?"

"둘 다…… 배울 수도 있나요?"

"자네 하기에 달렸지. 와서 한 젓가락 거들 텐가? 나이가 드니까 라면 하나 다 먹는 것도 벅차서 말이야…… 자넨 운이 좋구먼. 오늘은 특별히 달걀까지 풀었거든."

"예에…… 그런데 원생들이 하나도 보이지 않네요?"

"그렇지 뭐. 이게 다 그놈의 KTX인지 뭔지 때문이야. 그전만 해도 재미가 쏠쏠했는데……"

"그 말씀은…… 새마을호는 이미……"

"새마을호?"

"예, 그 정도는 축지법으로 충분히……"

"KTX 나오기 전에는 기차 타고 다닌 적 없어."

"아…… 예……"

"자네 황두수라고 아나?"

"황, 두, 수, 요?"

"그래 황두수(黃頭首). 머리 두에 머리 수자 쓰는 친구. 머리는 곰처럼 큰데 팔다리는 개처럼 짧은 공룡 있잖아. 그 이름이 뭐라더라……"

"티라노사우루스요?"

"그래 맞아. 티라…… 아무튼 그렇게 생긴 친구였지. 걸음도 제대로 못 걷던 녀석이었는데 지금은 내 제자 중에 제일 잘 나가지."

"아 예, 그럼 지금 강남 같은 데 큰 도장을 냈겠군요."

"도장은 무슨. 지금쯤 아마 부산행 KTX 안에 있을걸. 수련 중이거든."

"수련요?"

"KTX를 따라잡는 게 그 친구 평생 목표라서. 잘 알아두는 게 좋을 거야. 황두수. 조만간 신문에도 크게 나고 할 테니까. 잠깐 나 국물 좀 들이켬세."

"예, 그러시죠. 황두수, 황두수라……"

"왜 구미가 당기나? 자세히 얘기해줄까? 그 친구 얘기 말이야."

"예, 재미있겠는데요."

"그럼 이거 설거지 좀 하고서 탁자 위에 봉지커피 있으니까 자네 것까지 두 잔만 타와봐."

나는 다 찌그러진 라면 냄비를 들고 일어섰다. 개수대가 어디 있는 거지, 하고 중얼거리면서. 황두수라……

낮과 밤

하루는 낮과 밤으로 나뉜다. 해가 떠서 질 때까지가 낮이고, 해가 진 뒤부터 다음 날 해가 뜰 때까지가 밤이다. 그 경계에 새벽과 저녁이 있다. 새벽은 동이 틀 무렵, 즉 해가 뜨기 직전부터 해가 뜰 무렵까지고, 저녁은 해가 지고 난 직후를 말한다. 그러니 새벽 1시나 2시 혹은 3시라는 표현은 사실 어폐가 있다. 하지만 새벽이 밤과 친화력이 있고 저녁이 낮과 친화력이 있는 걸 고려하면 아주 틀린 말이라고 할 수도 없다. 그렇게 말하는 근거는 의존명사 '나절'의 활용 때문이다.

    나절은 말 그대로 낮의 절반을 말한다. 하루가 밤과 낮으로 나뉘는데 그 낮의 반이니 시간으로 치자면 대여섯 시간쯤 되겠다. 나절, 즉 한나절이 그 정도니 그것의 반인 반나절은 당연히 서너 시간쯤 되겠고. "사람을 한나절이나 기다리게 하는 법이 어딨어!"라고 성을 내는 사람들 중 정말 대여섯 시간을 기다린 사람은 드물 테니 그럴 땐 기껏해야 반나절쯤이라고 해도 남을 것이다.

그런데 이 나절은 의존명사, 즉 불완전명사라 홀로 쓰이지 못한다. 주로 한-, 반- 등을 제외하면 시간을 나타내는 명사와 함께 쓰인다. 아침나절, 점심나절 그리고 저녁나절. 밤나절은 형용모순이니 당연히 불가능하고 새벽나절도 들어본 적 없다. 사전에도 물론 등재돼 있지 않다. 그러니 언뜻 아침과 가까울 것 같은 새벽은 외려 밤과 친화력이 있고, 밤과 가까울 것 같은 저녁은 낮과 친화력이 있는 셈이다.

낮에는 일하고 밤에는 잔다. 아침, 점심, 저녁은 일하는 시간이고 밤은 자는 시간이다. 일하는 시간은 좀 더 세밀하게 나눌 필요가 있지만, 자는 시간은 굳이 그럴 필요가 없어서일 것이다. 한 가지 일만 하는 시간이니까. 시간의 구분이 따로 필요 없는 셈이다.

낮 시간을 밀어내듯이 보내고 일찍 잠들고 싶은 긴 하루를 마감하고 나니 공연히 이런저런 상념에 젖어 쓸데없는 생각만 하고 있다. 낮만큼이나 밤도 참으로 긴 하루였는데, 이럴 땐 '나절'처럼 밤을 나누는 말도 있었으면 좋겠다는 생각이 들기도 한다. 요즘엔 밤에 일하는 사람들도 많으니 '한바절' '반바절'처럼 쓰면 안 될까?

국어사전의 사랑법

어떻게 알았을까 그리움이 먼저라는 걸
사랑이니 연애니 하는 말은
저 뒷전으로 밀어놓아야 한다는 걸
내가 먼저고 당신은 그다음이라는 걸
보고 싶은 마음도 소유욕도 심지어는
약속이니 맹세니 하는 말도
그리움만 못하다는 걸
어떻게 알았을까 국어사전은
그 정갈한 순서를
때로는 규칙이 가장 따뜻하다는 걸

"나는 휴일마다 죽을 것이다"

지난 금요일 저녁부터 조금씩 기미가 느껴지더니 아니나 다를까 밤이 되자 연방 재채기가 쏟아졌다. 불길했다. 아니었으면 했지만 환절기였고 요 며칠 수면 부족으로 고생한 게 영 마음에 걸렸다. 결국 토요일과 일요일, 올해 들어 가장 더웠다는 주말에 긴팔 셔츠에 긴 바지를 입고 이불까지 뒤집어쓴 채로 땀을 흘려야 했다. 덕분에 더운지는 몰랐지만 얼굴과 몸에 무슨 훈장처럼 열꽃이 고스란히 남았다.

나로서는 연례행사를 치른 셈인데, 올해는 좀 유난스러웠다. 감기 몸살을 앓는다는 건, 아랫목에 누운 채, 밥상에 둘러앉아 들으라는 듯 쩝쩝거리며 밥을 먹는 가족들에게 배신감을 느끼는 것인데, 이번엔 그럴 의식조차 없었으니 말이다. 중간중간 헛소리도 지껄였던 모양이다.

여러 종류의 꿈을 꾸었는데, 그중 하나는 지금도 분명히 기억한다. 노안이 온데다 일거리마저 떨어져 어찌할 바를 모르던 중에 정체불명의 단체로부터 자신들 기관지의 편집을 맡아달라는 연락을 받았다. 이게 웬 떡이냐 싶어 달려가 보니, 결정이 된 것이 아니라 다른 두 명의 후보자와 경쟁을 해야 하는 상황이었다. 관계자들 앞에서 약식 면접이 이루어졌는데, 미국의 시인 에즈라 파운드의 시를 분석하라는 것이 그들이 낸 문제였다.

에즈라 파운드라는 시인은 익히 알고 있었으나 그의 시를 제대로 읽어본 기억이 없어 나는 순간 움찔했다. 게다가 그들이 던져준 시의 첫 행이 가관이었다.

"나는 휴일마다 죽을 것이다."

물론 에즈라 파운드가 이런 시를 썼을 리 만무하고 더더구나 이런 문장이라면 나 같은 지질이한테나 어울릴 법한 문장 아닌가. 그래도 나는 연신 뭐라고 떠들어댔고, 그들은 연신 고개를 갸우뚱했다. 그중 가장 나이가 들어 보이고, 면접 내내 마치 고목처럼 아무 말 없이 앉아 있던 백발의 노인이 나를 물끄러미 쳐다보더니, "자네 지금 소세키를 읽고 있나?"라고 물었다. 내가 그렇다고 대답하자, 노인이 두 눈을 부릅뜨더니 "그럼 어서 돌아가서 마저 읽고 와!" 하고 고함을 빽 지르는 것이었다. 순간 나는 잠에서 깨었다.

일요일에 친척집에 행사가 있었는데 부모님을 모시러 온 사촌동생이 내 머리를 만져보며 "이따가 상태 봐서 올 수 있으면 와요?" 하고 말하고는 내 방문을 나서고 있었다. 그 순간 깨어난 것이다. 나는 결국 집안 행사에도 참석하지 못했고, 오늘 가져다주기로 한 교정지 중 하나는 사정을 설명하고 내일로 미뤄야만 했다. 이런 일도 처음이었다.

그런데 평소 같으면 집안 행사며 일을 게을리 한 것에 대해 자책하고 있어야 할 지금, 내 머릿속에는 오직 한 문장만이 자리하고 있다. 그리고 아직도 이유를 모르겠다. 왜 이런 문장이 내게로 왔는지.

"나는 휴일마다 죽을 것이다."

가장 감동적인 서문

"『니코마코스 윤리학』을, 오에 겐자부로의 『하마에게
물리다』와 함께 『체 게바라 평전』을 떠올리면서 읽고 있다.
이렇게 책을 읽어도 되는지 모르겠지만, 책이란 언제나 다른
책에 대한 책이므로 다른 책들과의 관계를 떠올리지 않으면서
책을 읽는다는 건 무모할 뿐만 아니라 재미없다는 걸 잘 알고
있는지라…… 그렇게 한다.

그렇게 해서 얻은 것? 이런 생각들.

체 게바라나 일본의 적군파 혹은 무투파(무장투쟁파)들은
마르크스-레닌주의자나 마오주의자라기보다
아리스토텔리언이었던 것은 아닐까? 왜냐하면 그들은
살아서 권력을 쟁취하려 하기보다 죽음을 향해 가면서
선용(善用)에 힘썼으니까. 시간의 선용, 돈의 선용, 심지어
폭력의 선용까지. 또 한 가지. 마르크스-레닌주의 프로그램은
지나치게 빡빡한 스케줄을 가진 프로그램이며 더군다나
그들의 의도와는 달리 지독한 엘리트 코스이기까지 한 것은

아닌가 하는 생각."

　　2000년 무렵에 혼자 끼적였던 글이다. 뭐 그렇다고 "1등만 기억하는 더러운 세상"을 외치고 싶었던 건 아니다. 사실 조사만 바꾸면 더럽다고 할 것까지도 없다. 세상은 어떤 방법으로든 1등'을' 기억해야 하니까. 그러지 않으면 그들은 괴물이 돼서 세상에 맞설 것이다. 그들을 기억해줌으로써 그들 또한 세상을 온전한 모습으로 기억하도록, 말하자면 관리를 해야 한다. 방치할 수 없는 사회적 자산으로.

　　그런 의미에서 슬라보예 지젝은 남다르다. 『까다로운 주체』(이성민 옮김, 도서출판b, 2005)의 서문에서 다음과 같은 문장과 마주하고 나는 멍해졌다.

　　"버소 출판사에 보낸 내 원고를 신중하게 교정한 질리언 보먼트는 정기적으로 내 (지적인) 팬츠를 내려버리곤 했다. 그녀의 응시는 사유 노선의 반복들, 엉터리 같은 논변상의 모순들, 교양 교육의 결핍을 드러내는 잘못된 저자 표시와 참고 문헌 표시들을 틀림없이 식별해냈다. 문체의 어색함은 말할 것도 없이 말이다……. 어떻게 내가 부끄러움을 느끼지 않을 수 있으며, 따라서 그녀를 증오하지 않을 수 있겠는가? 다른 한편으로 그녀에게는 나를 증오할 만한 충분한 이유가 있다. 나는 뒤늦은 삽입이나 원고 수정으로 그녀를 끊임없이 포격했으며, 따라서 나는 그녀가 나의 부두교 인형을 갖고 있으며 저녁이 되면 거대한 바늘로 찌르고 있는 모습을 쉽게 상상할 수 있다. 서로간의 이런 증오는, 고전적인 할리우드의 좋았던 옛 시절에 사람들이 그렇게 표현했듯이, 아름다운 우정의 시작을 나타내는 신호이며, 따라서 나는 이 책을 그녀에게 바친다."

이보다 더 감동적이며 재치 넘치는 서문은 본 적이 없다. 편집자가 분명한 '그녀'에게 지젝은 감사의 표시로 허락된 지면을 모두 할애한다. 대개는 편집자보다 다른 중요한 인사들에게 그간 진 마음의 빚을 갚는 데 쓰는 게 서문인데도 말이다. 게다가 증오의 표현(?)도 서슴지 않는다. 실제로 작업이 한창 진행 중일 땐 서로 증오까지는 아니더라도 미워하긴 했을 것이다(직업상 짐작하기 어렵지 않다). 그럼에도 지젝은 부끄러움과 증오를 솔직히 표현함으로써 그녀를 진정한 우애의 공간으로 초대하면서 책을 통한 영광 또한 함께 나누고 있다. 물론 유머감각을 잃지 않으면서 말이다.

구경꾼의 운명을 타고난 자라 해도 그저 구경꾼의 자리로 내치지 않고 자신들이 세운 질서 안으로 불러들이는 기술이야말로 이 세상 1등들에게 요구되는 귀한 덕목일 것이다. 그리고 이런 1등들을 기억하는 세상이라면 '더러운' 세상이 아니라 '더없이 바람직한' 세상이리라.

세상에서 가장 짧은 주문

영화 「여인의 향기」에서 알 파치노는 시력을 잃은 퇴역 군인 프랭크 역을 연기한다. 강렬하면서도 텅 빈 듯한 그의 눈빛 연기를 좋아하는 나로서는 한 가지는 포기해야 하는 캐스팅이다. 그런데 문제는 두 가지가 한 쌍이라는 것. 강렬한 눈빛은 텅 빈 듯 무심해 보이는 눈빛을 필요로 하고 반대의 경우도 마찬가지다. 서로를 배경으로 하지 않으면 어느 것 하나 제대로 살지 않는 셈이다. 그렇다면 미스 캐스팅인가. 아니, 그렇진 않다. 그래도 알 파치노가 아닌가.

    사실 영화 내용은 뭐 그렇고 그렇다. 사고로 시력을 잃고 퇴역한 뒤 연금으로 연명하던 프랭크가 어느 날 화려한 자살 여행을 결심하고 아르바이트거리를 찾던 고등학생 찰리를 도우미 삼아 뉴욕행을 감행한다는 얘기다. 산전수전 다 겪고 이제 삶을 멋지게 마무리하려는 퇴역 장교와 이제 막 세상과의 불화가 시작된 사춘기 소년. 이러면 얘기는 뻔해진다. 인생이라는 짐을 미련 없이 내려놓기로 결심한

쪽과 난생처음 인생이란 것이 짐으로 여겨지기 시작한 쪽이 여행을 통해 서로의 짐을 나눠진다는 스토리니까. 비슷한 시기에 나온 「어 퓨 굿맨」과 「죽은 시인의 사회」가 살짝 버무려진 데다 「남자의 자격」이라는 제목을 붙여도 무방해 보일 만큼 '여인'보다 외려 '남자의 향기'가 강조된 영화다.

이 영화의 명장면은 누가 뭐래도 프랭크가 레스토랑에서 만난 젊은 여인과 탱고를 추는 장면일 터. 앞이 보이지 않는 그가 능숙하게 상대를 리드하면서 멋지게 스텝을 밟는 모습은 그 자체로 한 편의 영화다. 초점 잃은 눈으로 탱고의 선율(청각)과 자신에게 안긴 여인의 향기(후각) 그리고 여인의 감촉(촉각)에 몸을 맡기며 리듬을 타는 그의 모습은 아슬아슬함과 장난스러움의 경계를 묘하게 왔다 갔다 한다. 고등학생 찰리의 질투를 살 정도로.

그러나 내가 이 영화를 떠올릴 때마다 늘 되새기곤 하는 장면은 따로 있다. 알 파치노가 멋진 배우란 걸 되새기게 만드는 장면이기도 하다.

찰리와 동행하게 된 프랭크는 연락도 없이 불쑥 형의 집을 찾는다. 아마도 가족과의 마지막 저녁 식사가 자살 여행 일정에 포함되어 있었던 모양이다. 그러나 프랭크의 괴팍한 성격을 잘 아는 형과 조카들은 반기기는커녕 불편해하기만 한다. 아니나 다를까, 프랭크의 짓궂은 농담에 조카가 그만 참지 못하고 시력을 잃게 된 사고 이야기를 꺼내며 그를 조롱한다. 그리고 바로 이 영화를 통틀어 가장 멋진 장면이 가장 멋진 대사와 함께 등장한다. 프랭크가 혼자 내뱉는 소리.

"후우와, 후우와, 후우와, 후우와."

그렇게 그는 여러 번의 감탄사를 내뱉는다. 내리막길을 가듯 차츰차츰 잦아드는 감탄사. 처음의 '후우와'가 내게 감히 그런 말을 한단 말이야라는 분노를 표현한 것이고, 두 번째가 제발 더 이상 나를 건드리지 말아달라는 당부의 후우와라면, 세 번째는 내 인생이 도대체 어디서부터 꼬인 거야라는 자책의 후우와이고, 마지막에 희미하게 들리는, 내뱉었다기보다 삼켰다고 해야 맞을 네 번째 후우와는 그래도 나는 내게 주어진 역할, 저들이 예측 가능한 나의 모습을 연기할 수밖에 없다는 체념의 후우와다.

물론 여기서 후우와를 내뱉는 주체는 프랭크이면서 알 파치노이기도 하다. 특유의 눈빛 연기가 불가능한 상황에서 격앙된 감정을 어떻게 표현할 것인지가 알 파치노의 고민이었다면, 마지막으로 가족과 단란한 저녁 시간을 누리고 싶어 찾아온 형의 집에서 조카를 상대로 그것도 객식구인 찰리 앞에서 어떻게 처신해야 할 것인지가 프랭크의 고민이었을 테니까. 알 파치노는 눈 대신 입을, 아니 그 자체가 무슨 악기 같은 성대를 택한다. 그리고 점점 톤이 높아져야 마땅한 상황에서(왜냐하면 마지막 후우와가 끝나자마자 알 파치노는 맹수가 먹이를 채듯 조카의 멱살을 정확하게 낚아채니까) 거꾸로 잦아드는 방식을 택한다. 이를테면 같은 고민에 빠진 알 파치노와 프랭크의 마지막 숨고르기 같은 것이다. 후우와. 자 이제 어떤 연기를 해야 하는가.

　최근 들어 나는 습관처럼 그 감탄사를 내뱉곤 했다. 후우와, 후우와, 후우와, 후우와. 마치 주문을 외듯 분노와 당부 그리고 자책과 체념 사이를 수도 없이 오갔다. 그러면서 든 생각은 이런 것. 내게 주어진 배역을 연기하자. 누군가의 멱살을 낚아챌 생각은 추호도 없지만 그렇다고 함부로 멱살을 내보이진 말자. 내게 주어진 역할에 충실하면 그뿐이다. 잘하고 못하고는 내가 상관할 바가 아니다. 어차피 인생은, 미스 캐스팅의 연속이니까. 말하자면 내가 지금 맡고 있는 역할은 원래 내가 맡아야 할 역할이 아니었고 앞으로도 상황은 달라지지 않을 것이다. 어쩔 수 없다. 인생이 그런 거니까.

　그래도 내겐 세상에서 가장 짧은 주문이 있다. 내 연기를 독려해줄 그 주문. 후우와.

다른 것이 없지는 않다

서울 지하철 6호선 합정역에서 2호선으로 갈아타기 위해 플랫폼에 들어서면 벽 한쪽에 시 한 편이 걸려 있다. 대개는 교정지가 하나 가득 든 가방을 둘러메고 그곳을 지나게 되는데 어서 집에 가서 어머니 저녁을 해드려야 한다는 생각에 마음만 급해질 때라도, 나는 시 앞에 멈춰 서서 무거운 가방을 내려놓고 손수건으로 땀을 훔치며 여러 번 그 시를 읽곤 한다. 이런 시다.

마음의 그림자
  - 최하림

가을이 와서 오래된 램프에 불을 붙인다
작은 할머니가 가만 가만 복도를 지나가고
개들이 컹컹컹 짖고
구부러진 언덕으로 바람이 빠르게 스쳐간다

이파리들이 날린다
모든 것이 지난해와 다름없이 진행되었으나
다른 것이 없지는 않았다
헛간에는 물이 새고
울타리 싸리들이 더 붉어 보였다

가을이 소담하게 담긴 시라서 더위를 식힐 요량으로 멈춰 서는 건 아니다. 어서 가을이 왔으면 하는 바람 때문에 가던 길을 멈추고 가방까지 내려놓는 것도 아니다.

내가 늘 반복해서 중얼거리는 시구, "모든 것이 지난해와 다름없이 진행되었으나/ 다른 것이 없지는 않았다"를 마치 오래된 램프에 불을 붙이듯 마음 한편에 다시 밝혀놓기 위해서다. 내게 위안을 주고 용기를 북돋워주는 시구.

시인은 왜 "다른 것이 있었다"고 하지 않고 "다른 것이 없지는 않았다"라고 했을까. 그건 아마도 다른 것이 있었다, 라고 말할 수 없었기 때문이리라. 그 다른 것이 대관절 무엇이냐고 묻는다면 바로 이것이라고 제시할 것이 딱히 없었기 때문. 그렇다고 없다고 말할 수도 없는 것, 그것이 시인의 딜레마다. '있음'과 '없음' 사이에서 '없지는 않음'의 세계를 건져 올리게 만든 딜레마.

태어나고 죽는 일은 개별적이지 않다. 누구나 겪는 일이니까. 그 사이에 겪는 일들도 단지 개별적이라고만 할 수는 없다. 삶의 고통이 개별적이라면 그 고통에 기반을

둔 소통은 의미가 없어지니까. 내가 겪는 고통을 굳이 번역해주지 않아도 상대 또한 공감할 수 있다는 전제에서만 우리는 누군가에게 말을 걸 수 있다.

그러나 아무리 나누려 해도 나눌 수 없는, 하여 나 혼자 짊어져야 하는 내 몫의 짐 같은 마음의 그림자는 온전히 개별적이다. 그리고 그것은 바로 다른 것이 없지 않다는 발견이 주는 고통이자 선물이다. 다른 사람의 고통을 충분히 헤아릴 수 있고 다른 사람도 내 고통을 이해할 수 있다지만 거기서 그친다면 우리는 그저 고통의 숙주에 지나지 않고, 누군가에게 말을 걸 수는 있어도 혼잣말을 할 수는 없으니까.

어제와 크게 다를 것 없는 오늘이고, 대개의 삶과 별다를 것 없는 삶이지만 그래도 내 몫의 다름이 없지 않다는 것, 그 차이가 우리를 살게 하는 것은 아닐는지. 두렵지만 위안을 주는, 그림자이면서 동시에 그늘인 마음처럼.

다른 것이 없지는 않다. 그럼 됐지 뭐, 그럼 된 거야. 나는 혼잣말을 중얼거리며 다시 무거운 가방을 힘차게 둘러메고 노모가 기다리는 집으로 향한다. 씩씩하게, 밥을 하러 간다.

외주 교정자로 살아가기

딱히 명함도 없는 직업이다 보니 무슨 일을 하냐는 질문을 받을 때면 난감해진다. 설명하기 어려워서가 아니라 상대의 반응이 훤히 보이기 때문이다. 대개 두 가지다. 하나는 "와, 프리랜서시네요." 다른 하나는 "그래도, 프리랜서시네요."

와, 라는 감탄사와 그래도, 라는 접속사의 차이는 이 직업을 잘 아느냐 모르느냐에서 비롯된다. 잘 모르는데다 상대가 직장인인 경우에는 부러움과 질시의 눈빛이 동반된다. 출퇴근이 필요 없는 고소득 전문직으로 착각한 것. 반면 그래도의 경우는 외주 교정자라는 게 출판계의 이른바 3D 업종 중 하나이며 비정규직임을 잘 알고 있어, "그게 오래 할 일은 아닌데"라는 표현을 생략한 것이다.

뭐 상관없다. 어차피 영업을 해야 하는 일도 아니니까. 만나는 사람마다 명함을 전단처럼 뿌려댈 일도 없고 말이다. 오히려 문제는, 항상 그렇듯이, 내부에 있다.

나는 나이가 드는데 담당 편집자들은 나와 함께 나이

들지 않는다는 것. 그들이 몸 안의 활성산소를 모두 제거하여 마침내 그토록 숙원하던 안티-에이징 비결을 터득해서가 아니라, 그들의 자리가 계속 신입사원으로 대체되기 때문이다. 그렇다 보니 나는 상관없는데 그들 쪽에서 나를 부르는 호칭이 항상 문제가 되는 모양이다. 나는 이름을 불러주는 게 가장 편한데, 심할 경우 띠동갑을 훌쩍 넘는 나이차가 날 때도 있어 상대는 여간 난감한 게 아닌 눈치다. 그래서 나온 궁여지책이었는지 오랫동안 일을 했던 한 출판사에서는 나를 이모부라고 불렀다. 이모부라니, 결혼도 안 한 총각한테……

해프닝은 거기서 그치지 않았다. 새로 신입사원이 들어왔는데 미처 전후사정을 설명해주지 않아 어처구니없는 일이 벌어지기도 했다. 내게 줄 교정지를 택배로 부친다기에 그럴 필요 없다며 부랴부랴 달려갔더니 봉투에 엉뚱한 이름이 적혀 있는 게 아닌가.

"저 이건 제게 올 교정지가 아닌 것 같은데요, 다른 이름이 적혀 있네요."

"다른 이름이라뇨? 제대로 적었는데, 여기요. 임.호.부. 맞잖아요?"

"예? ……아, 이런."

모두들 아닌 척하면서도 이쪽에 귀를 대고 있었던 모양인지 사무실 안은 삽시간에 뒤집어지고 말았다.

지금도 그 출판사 출신 편집자들은 "이모부님 저

아무갭니다. 별일 없으시죠?" 하고 전화를 해오고, 나 또한 아무렇지 않게 "아 예, 오랜만이네요" 하고 받곤 한다.

외국과 달리 이 나라에서는 누구나 일정한 나이가 지나면 이름으로 불리는 경우가 드물다. 남자들은 물론 내 또래 여자들의 경우도 낮에는 직장의 직함으로 퇴근 후에는 아무개 엄마로 불리는 게 일반적이다. 이름을 너무 귀하게 여겨서 그런가 아니면 성도 한 음절인데다 이름이라고 해봐야 두 음절이 고작인 한자식 이름이라 개성을 드러내기가 어려워서 그런가. 그도 아니면 주체로서의 개인(이름)보다 관계(직함)에 치중하는 사회 분위기 때문에 그런가. 아무튼 이 사회가 이름을 전면에 내세우지 않는 사회인 것만은 부정할 수 없다.

그렇다 보니 서양의 경우 주인공의 이름을 제목으로 하는 문학 작품이나 영화가 많은 반면 우리는 딱히 떠올릴 만한 게 없다.

아무려나 이제 내 이름을 온전하게 불러주는 사람은 택배 기사밖에 안 남은 모양이다. 이제부턴 택배 받을 때 따뜻한 말이라도 한마디 건네야겠다.

감자전과 김치죽

감자전을 했다.

나대로의 요리법에 따른 거라 일반 감자전과는 좀 다르다. 감자를 강판에 갈아 부쳐내는 식이 아니라, 얇게 채를 썰어 밀가루 반죽과 함께 부치는 방식이다. 소금과 후춧가루를 넣어 좀 되게 반죽한 밀가루에 감자와 양파를 가늘게 채 썰어 넣고 한 10분가량 놔두면, 감자와 양파에서 물이 나와 부쳐내기 적당할 정도로 질어진다. 밀가루 반죽은 적게 해서 최대한 얇게 부쳐내면 생각보다 제법 먹을 만하다. 어느 해 가을엔가 감잣국을 해먹고 남겨둔 감자에서 싹이 나올 지경이라, 어쩌지 하다 옆에 놓인 양파와 함께 만들어봤는데, 의외로 반응이 좋아 가끔 해먹는다. 가장 의외였던 건 아버지의 반응이었다.

몇 해 전 배가 아프다고 며칠을 시무룩해하시더니 급기야는 사달이 나고 말았다. 밤늦게 응급실에 모시고 가 이것저것 검사하고 들은 얘기는 충수염, 그러니까

맹장염이었다. 수술 절차를 밟았다. 의사가 수술 도중
보호자를 찾기에 들어가보니 잘라낸 맹장 덩어리를 보여주며,
대장에까지 염증이 번져 금식도 오래해야 하고 입원 기간도
일반 맹장 수술 환자보다 길어질 거라며 잔뜩 겁을 주었다.
최대한 에둘러서 얘기를 드렸는데도 아버지는 충격을 받은
눈치였다. 젊었을 때 폐결핵으로 고생한 뒤로는 담배도 입에
대지 않았고 술은 원래 못하니 건강에는 늘 자신을 넘어
과신하며 살아온 분이라 실망도 그만큼 컸던 모양이다.
퇴원하기 이틀 전에야 병원에서 멀건 죽을 줬다. 줬다니까
그런지 알았을 뿐, 입원해 계신 동안 밥수발을 제대로 해드린
적이 없어 어떤 걸 드셨는지 몇 번 보지도 못했다. 집에서
어머니 식사를 챙겨드리고 병원에 가야 했으니까.

　퇴원할 때 아버지의 모습은 보기 민망할 정도였다.
처음 응급실에 갈 때의 몸무게에서 10킬로그램 가까이 빠진
데다 자신감도 그만큼 홀쭉해져 있었다. 아무런 대책도 없이
그저 큰소리만 치며 살아온 인생이 어느 날 갑자기 잔뜩
주눅 들어 축 처진 어깨를 하고 있으니, 보는 내가 무안해질
지경이었다. 집에 오는 내내 나는 미간을 좁힌 채 화난 표정을
풀지 못했다. 이 정도로 약해질 거면서 왜 그렇게 대책
없이 큰소리만 치고 살아온 거예요. 그런 말이 목구멍까지
차올랐다.

　몸을 추슬러야 하는데 먹는 게 문제였다. 어머니는
나와 입맛이 비슷해 별 어려움이 없지만 아버지는 평소에도

까탈스러운 편이라 당신이 이런저런 반찬거리를 사와 따로 드실 정도인데 그나마 수술 뒤라 입맛마저 잃었으니, 내가 뭘 해드린다고 드실 것 같지 않았다. 하는 수 없이 이런저런 죽을 사다 드려보기도 하고 오리고기 집에 부탁해서 따로 죽을 만들어 오기도 했다. 잘 드시지 못했다. 몸도 몸이지만 무엇보다 이젠 말 그대로 노구(老軀)가 되어 언제 어떻게 될지 모른다는 생각에 낙담한 탓이다. 대상포진 후유증으로 난데없는 신경통을 한 1년 정도 앓을 때만 해도 짜증만 냈을 뿐 당신도 이젠 늙었다는 사실을 인정하며 낙담하는 분위기는 아니었는데, 몸에 칼을 댔다는 게 그리도 큰 스트레스가 된 것인지…… 은근히 신경이 쓰였다.

그러던 어느 날 아버지가 내게 불쑥 "감자전이나 해먹자" 하는 것이었다. 나는 내 귀를 의심했다. 내게 그런 청을 해본 적이 한 번도 없었으니까. 특별히 드시고 싶은 게 있을 땐 어머니를 통해 의사를 전달하곤 했다.

"뭘 하자구요?" 나는 최대한 퉁명스럽게 대꾸했다.

"그거밖에 딱히 먹고 싶은 게 없네……"

아버지는 말끝을 흐렸다. 지금 기름진 음식이 될 말이냐며 구시렁대면서도 한편으론 다행이다 싶었다. 입에 당기는 음식이 있다는 건 일단 희망적이라는 신호니까. 한 달 가까이 감자전을 부쳤다. 물론 매일 부친 건 아니고 큼직하게 열두어 장씩 부쳐서 냉동실에 넣어두면 매일 두세 장씩 꺼내 드시곤 했다. 떨어질 무렵이면 또 부치고 그렇게 한 달 내내 아버지는, 저렇게 드셔도 될까 걱정이 될 정도로 하루도 빼먹지 않고 감자전을 드셨다. 한 달 사이에 몸무게가 수술 전보다 더 늘었고 홀쭉해졌던 배도 다시 불룩해졌다. 물론 자신감도 되찾아 목소리도 예전처럼 커졌고. 그렇게 한 달이 지나서야 "이젠 그만 부쳐도 되겠다"며 쑥스러워하셨다.

  한 번도 다정스러운 대화를 나눠본 적도 없고 내게 이래라저래라 해본 적도 없는 아버지다. 젊어서는 늘 밖으로만 돌아 어렸을 때도 아버지와 뭘 같이 해본 기억이 없다. 심지어는, 저 양반이 설마 내가 아기였을 때도 나를 안아본 적이 없진 않겠지, 하는 몹쓸 생각이 들 정도로 나를 따뜻이 안아줘본 적도 없는 분이다. 내 기억으로는 그렇다. 그런 아버지와 나를 연결해주는 유일한 것이 지금은 감자전이다. 오늘, 오랜만에 그 감자전을 했다.

  감자전이 아버지를 위한 음식이라면 김치죽은 어머니 쪽이다. 아버지와 달리 죽을 싫어하는 어머니가 유일하게 드시는 게 김치죽이다. 심장 수술을 받고 한쪽이 마비되는 바람에 중환자실에 오래 계셨는데, 정신을 차리고 내게 처음으로 한 말이 "퇴원하면 김치죽 해줘"였다. 당신이 지금 어떤 상태인지 느낌으로라도 알 법한데 난데없이 김치죽을 먹고 싶다니, 나는 기가 막혔다.

  병원에서 꼬박 3개월을 함께 생활하는 동안 어머니의 김치죽 타령은 그치지 않았다. 하고 많은 음식 중에 하필

김치죽이라니. 그런 건 어디서 팔지도 않는데. 재활치료를 받으러 가면 비슷한 처지의 환자들을 많이 보게 된다. 어머니와 비슷한 연배의 아주머니 한 분이 뇌경색으로 입원해서 치료를 받았는데, 얼핏 보기에도 우리와 달리 교양이 철철 넘치는 분이었다. 물리치료실까지 찾아온 친구들이 향수 냄새 나는 손수건으로 눈가를 콕콕 찍어가며 매우 교양 있게 환자를 위로하곤 했다. "얼른 퇴원해서 골프도 다시 치고 너 좋아하는 파스타도 먹으러 가자." 뭐 이런 식의 대화였다.

"파스타가 뭐래니?"

가만히 그들의 대화를 듣고 있던 어머니가 내게 물었다.

"서양 국수 같은 거예요."

"국수? 잔치국수 먹고 싶다."

"사다 드려요?"

"그래. 그리고 난 김치죽."

"잔치국수라면서요?"

"아니, 퇴원하면 저 아줌마는 파슨지 뭔지 그거 먹는다잖아. 난 김치죽."

뭐 이런 식이었다. 심지어는 입맛을 잃어 며칠 식사를 못 하자 의사들이 "잘 드셔야 하는데…… 굳이 병원밥이 아니라도 좋으니까 아드님한테 맛있는 거 사달라고 하세요" 하고 융통성을 보이자, 내 귀에 대고 "김치죽 먹고 온다는 핑계로 퇴원시켜달라고 하면 안 될까?" 하고 속삭이기도 했다.

퇴원하고 내가 제일 먼저 해드린 음식은 당연히 김치죽이었다. 그 다음 해부터 후유증으로 당뇨가 생기는 바람에 다시 입퇴원을 반복할 때도 어머니의 김치죽 타령은 계속됐다. 요즘도 좀 시무룩해 보인다 싶을 땐 "오늘 점심엔 김치죽 어때요?" 하면 만사 오케이다. 세상에 저렇게 밝은 표정이 어디서 나오는 걸까 싶을 정도로 금방 파안대소하며 입맛을 다시니까.

맛과 멋은 통한다는데, 별로 멋스럽지 못한 우리 가족은 입맛도 촌스럽기 그지없어 감자전과 김치죽으로 하루를 행복하게 보낸다.

어떤 것들

어떤 책은 오래 기억되고, 어떤 책은 금방 잊힌다. 어떤 문장엔 밑줄이 쳐지는 반면, 어떤 문장엔 눈길만 잠깐 머물 뿐이다. 어떤 만남은 단 한 번으로도 강렬한 인상을 남기지만, 어떤 만남은 늘 반복해도 데면데면하기만 하다. 어떤 행동은 딱 한 번만으로도 평생 후회하게 되지만, 어떤 행동은 매일 습관처럼 반복해도 의식하지 못한다. 어떤 사람은 얼굴도 모르지만 늘 곁에 있는 것 같고, 어떤 사람은 늘 곁에 있어도 얼굴조차 기억나지 않을 때가 많다. 어떤 사랑은 모두의 의심을 받아도 두 사람은 의심하지 않지만, 어떤 사랑은 아무도 의심하지 않는데 정작 두 사람만 의심한다. 어떤 죽음은 추도되고 어떤 죽음은 신고된다.

하지만 '어떤'이란 관형사에 어울리는 것은 사실 이 모든 어떤 것들에 포함되지 않는 '어떤' 것이 아닐까. 가령 오래 기억되지 못하지만 금방 잊히지도 않는 책, 밑줄이 쳐지는 문장 바로 앞뒤에 놓인 문장들, 여러 번 마주치면서 어떨 땐 강렬하기도 하고 어떨 땐 데면데면하기도 한 만남, 늘 의식이 되지만 어쩔 수 없이 반복해야만 하는 행동, 곁에 있을 때도 있고 없기도 하면서 얼굴이 또렷하게 기억나기도 하고 잊히기도 하는 사람, 의심받는 사랑과 축복받는 사랑 사이에 있는 그 모든 애매한 사랑들, 추도되는 죽음과 신고되는 죽음 사이의 그 모든 애매한 죽음들, 이런 것들이야말로 가히 어떤 것이라고 부를 수 있지 않을까.

아름다운 구석

월요일. 모두들 일상으로 돌아가겠다. 긴 연휴를 보낸데다 중간에 입춘이 끼어 있었고, 온도차도 심해서인지 연휴라기보다 마치 한 계절을 보낸 느낌이다. 이제 비로소 2월이 시작되는 셈인데 짧은 달이라 아무래도 하는 일 없이 마음만 바빠지지 싶다.

졸업식과 입학식 사이에 놓인 달. 겨울도 아니고 봄도 아닌 달. 냉기와 온기 사이의 서늘함을 간직한 달. 맨발로 차가운 마루를 디딜 때의 섬뜩함과 함께 천천히 발바닥으로 전해지는 나무의 온기를 동시에 가진 달. 퀴퀴한 냄새와 매혹적인 무늬가 한 몸에 수놓아진 곰팡이 같은 달. 새해가 시작된 지 한 달이 지났으니 뭔가를 새로 시작하기도, 그렇다고 뒤늦게 마무리 짓기도 어색한 달. 살아 있으나 죽은 달, 2월이다.

나는 문득 도스토옙스키의 『죽음의 집의 기록』(이덕형 옮김, 열린책들, 2010)을 떠올린다.

"이곳은 독특한 자기만의 세계를 가지고 있어서, 그 어느 곳과도 더 이상 비교될 수 없었다. 그곳에는 자기만의 특별한 법칙들과, 복장과 풍습과 관습 등이, 그리고 살아 있으나 죽은 집이, 어느 곳에도 존재하지 않는 삶과 특별한 사람들이 있었다. 바로 이 특별한 구석의 이야기를 나는 지금 쓰기 시작하려는 것이다."

살아 있으나 죽은 집, 2월의 집이 이럴까. 유형지의 그 '특별한 구석'과도 같은 달, 2월. 그러나 이 특별한 구석에 도스토옙스키는 아름다운 구석이 있노라고 전한다. 이콘을 걸어놓은 성소(聖所). 20년 만에 유형에서 풀려난 노인이 각 동을 돌며 차례차례 기도를 올리던 바로 그 '아름다운 구석'.

어쩐지 유형지와도 같은 2월, 마음만 바쁘고 딱히 뭔가를 시작하기도, 그렇다고 마무리 짓기도 애매한 달 2월을, 나는 도스토옙스키를 흉내 내 아름다운 구석이라고 부르고 싶다.